懐かしい
沿線写真で訪ねる

東京メトロ東西線
都営地下鉄新宿線
街と駅の半世紀

山下ルミコ

昭和の街角を紹介

葛西駅を通過する快速西船橋行き。(平成2年撮影)

撮影:矢崎康雄

アルファベータブックス

CONTENTS

第1部　東京メトロ 東西線

中野 ……………………………… 6
落合 ……………………………… 8
高田馬場 ………………………… 10
早稲田 …………………………… 12
神楽坂 …………………………… 14
飯田橋 …………………………… 16
九段下 …………………………… 18
竹橋 ……………………………… 20
大手町 …………………………… 22
日本橋 …………………………… 24
茅場町 …………………………… 26
門前仲町 ………………………… 28
木場 ……………………………… 30
東陽町 …………………………… 32
南砂町 …………………………… 34
西葛西 …………………………… 36
葛西 ……………………………… 38
浦安 ……………………………… 40
南行徳 …………………………… 42
行徳 ……………………………… 44
妙典 ……………………………… 46
原木中山 ………………………… 48
西船橋 …………………………… 50

第2部　都営地下鉄新宿線

新宿 ……………………………… 54
新宿三丁目 ……………………… 56
曙橋 ……………………………… 58
市ヶ谷 …………………………… 60
九段下・神保町 ………………… 62
小川町・岩本町 ………………… 64
馬喰横山・浜町 ………………… 66
森下・菊川 ……………………… 68
住吉・西大島 …………………… 70
大島 ……………………………… 72
東大島 …………………………… 74
船堀 ……………………………… 76
一之江 …………………………… 80
瑞江 ……………………………… 82
篠崎 ……………………………… 84
本八幡 …………………………… 86

西葛西付近を走る西船橋行き。

[コラム]

江戸の漁師たちの知恵で生まれた「深川めし」 …… 33
山本周五郎「青べか物語」の舞台になった浦安 …… 41
歴史ある天然温泉が自慢の「船堀の温泉銭湯」 …… 77
城東電気軌道・トロリーバス ………………………… 78

東大島駅を発車する開業祝賀列車。

東京メトロ東西線

JR中央・総武本線のバイパス路線

　東京メトロ（東京地下鉄）は、銀座線・丸ノ内線・日比谷線・東西線・千代田線・有楽町線・半蔵門線・南北線・副都心線の計9路線を運行している。そして、4路線を持つ都営地下鉄（東京都交通局）とともに、首都東京の都心部を中心に、幅広い地下鉄ネットワークを形成している。

　各路線はそれぞれに個性を持っているが、東京メトロ東西線は、特に通勤・通学路線としての性格が強い。当初から国鉄（現・JR）中央・総武線のバイパス路線として計画されており、国鉄との相互直通運転を見越し、当初から全長20mの車両が導入された。

　東西線は日比谷線に続く4番目の路線で、最初に開業したのは昭和39（1964）年12月の高田馬場〜九段下間。これは純粋な地下区間だけだった。その後、昭和41（1966）年4月に中野まで延伸。昭和44（1969）年4月には西船橋までの全線が開業し、中央線に続いて総武線との相互乗り入れが始まった。中野駅はJRと共用し、中野を出るとすぐに地下に入って南砂町までは地下区間。南砂町を発車すると地上に出て、西船橋までは高架区間になる。地上区間が13.8kmもあり、これも東京メトロでは最長である。途中、荒川鉄橋などおよそ3kmにもおよぶ橋梁を渡るのも他線では見られない特徴だ。

　中野から都心を横断し、荒川、旧江戸川を渡って千葉県まで線路を延ばして西船橋に至る東西線は、営業距離30.8kmで東京メトロ最長の路線である。

快速運転を開始、ワイドドア車導入

　東西線は東京メトロとして初めて東京都の行政区域を越えて千葉県まで進出した路線だ。もともと中央線や総武線は慢性的な混雑により輸送力が逼迫しており、この混雑緩和をはかるのが大きな目的だった。また、地下鉄路線を開通させることで、開発の遅れていた江東地区南部地域の発展も後押ししている。

　中野〜西船橋間の全線開業と同時に、通勤・通学客の都心までの所要時間を短縮するため、東陽町〜西船橋間で日本の地下鉄では初となる快速運転を開始した。さらに、混雑の緩和や乗降時間の短縮を目的としてワイドドア車を導入。南砂町駅ではラッシュ時に列車の交互発着が出来るように、線路・ホームの増設工事が行われている。

　南砂町〜西船橋間は地上高架線を走る区間になっており、全線の約半分が地下鉄でありながら外の景色を眺められる。これが実現出来たのは、この区間は東京の湾岸エリアで建物が少なく、地上の用地確保が容易であったからだ。地下にトンネルを掘るよりも高架にしたほうが建設費を抑えられるため、このような形態になったという。

　東西線の開通により、東京湾岸エリアの人口も増え、東西線の輸送需要はますます増大していった。平成8（1996）年には、東葉高速鉄道が開業。西船橋〜東葉勝田台間で相互直通運転が開始され、千葉の勝田台方面からの利用者も加わり、ラッシュ時の混雑率は相変わらず、東京の地下鉄の中でもトップクラスだ。

昭和40年

九段下駅
昭和39（1964）年12月23日、地下鉄5号線（東西線）の高田馬場〜九段下間の開通を知らせる看板が立つ九段下駅の地上出入り口。靖国通り上を走る都電の奥には、日本武道館のある北の丸公園がのぞく。

撮影：荻原二郎

第1部
東京メトロ東西線

東西線は、東京都中野区から千葉県船橋市までを結ぶ、東京メトロが運営する地下鉄。当初から国鉄（現・JR）中央・総武線のバイパス路線として計画された。名称が示すように、東京の都心部を東西に貫く路線で、中野から都心部を横断し、荒川、旧江戸川を渡って千葉県に入る。東京地下鉄の中で最長の30.8kmを有し、東京メトロとしては初めて都外へ路線を延ばした。南砂町から西船橋までの13.8kmは全線が高架線で、車窓から見える巨大なマンション群からは急激な人口の増加がうかがえる。

平成12年

撮影：矢崎康雄

西葛西〜葛西間を走る西船橋行き。

Nakano St.
中野
JRとの乗り換え駅で賑わう駅周辺は、昭和からの若者文化を継承している街

【中野駅】

開業年	明治22(1889)年4月11日
所在地	中野区中野5-31-1
キロ程	0.0km(中野起点)
駅構造	高架駅
ホーム	4面8線
乗降人数	153,746人

　地名の由来は、武蔵野台地の真ん中ということで「中野」。区の名称は中野町と野方町の一文字ずつを取ったとも言われる。現在、駅前の再開発が進んでいるが、昔からの中野の2つのランドマーク、「中野ブロードウェイ」と「中野サンプラザ」は、やはり若者たちに支持されて健在だ。中野駅の北口、南口の賑わいそれぞれに味わいがある。繁華街はマニア向けショップも充実、一日中人通りが多い。木造住宅も多い住宅地にはレトロな団地も残り、まだ昭和の雰囲気を残している。

　歴史的にも中野はマニアックな街と言える。サンプラザの西側にある中野区役所前には「中野犬屋敷の碑」が建っている。これは「生類憐れみの令」で知られる五代将軍・徳川綱吉の「お犬お囲い」をこの地に設置した名残り。区役所の北側の中野4丁目辺りの旧町名は囲町と言い、中野税務署の隣にはかつて囲町公園も存在していた。また4丁目付近には、平成13(2001)年、府中に移転した警察大学校や警察学校があったが、その用地は、戦前、諜報部員を養成した「陸軍中野学校」の跡地だ。

　東西線中野駅が共用する中野駅周辺が発展したのは、明治22(1889)年に現在の中央線の前身、甲武鉄道の開業がきっかけ。中野駅はその開業時に出来た駅の一つだった。当初は甲州街道に沿ってつくられる予定だったが、地域の人々の猛反対を受け、現在の場所になったという。当時の駅はもう少し三鷹寄りだった。いずれにしても、鉄道の開通が繁栄につながることをいち早く証明したのが中野駅だ。区内にはJR中央線のほか、東京メトロ東西線・丸ノ内線、都営地下鉄大江戸線の地下鉄3路線、西武新宿線など鉄道網が充実している。

現在

昭和35年

昭和30年代の中野駅南口
マンサード屋根と呼ばれる五角形の屋根が特徴的な南口の駅舎。駅の西側を走る中野通りに面した入口もあるが、昭和26年に完成した駅前ロータリー側が正面口。京王帝都のボンネットバスが駅前に横付けされている。

提供:中野区

ホームから見た南口

中野駅のホームから見た南口の商店街。右奥の「丸井クレジット」の看板は丸井本店。

昭和39年

現在の中野駅南口

大通りに面して商業ビルなどが並ぶ様は昭和の時代とほとんど変わらない。

中野駅ホーム

中央線と地下鉄東西線との相互乗り入れ用に登場した301系通勤電車。車体はアルミ合金製であったが製作コストが高くつくため、その後の増備は103系地下鉄乗り入れ車で行われるようになった。

昭和42年

撮影：荻原二郎

古地図探訪　中野付近

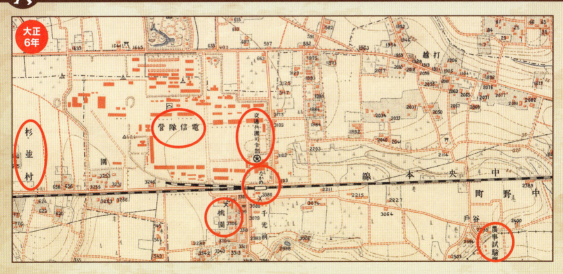

大正6年

地図上を国鉄中央線が走り、中野駅が置かれている。この中野駅の北側には、陸軍の電信隊の用地が広がり、交通兵団司令部が置かれていた。この北側には、現在の早稲田通りが走っている。昭和41(1966)年に開通した東京メトロ（当時は帝都高速度交通営団）東西線は、早稲田通り上にある落合駅付近から少しずつ南下する形で、中野駅まで至っている。中央線の南側には「桃園」の地名が見え、中野通りが南に下る形で伸びている。また、少し離れた東側には東京府の農事試験場が存在した。この当時は、昭和7(1932)年に東京市中野区が誕生前、明治30(1897)年に中野村から変わった中野町であり、西側は杉並村であった。

Ochiai St.

落合
おちあい

妙正寺川と神田川の
合流地点で「落合」
駅周辺には歴史的遺物が点在

【落合駅】
開業年	昭和41(1966)年3月16日
所在地	新宿区上落合2-13-7
キロ程	2.0km（中野起点）
駅構造	地下駅
ホーム	1面2線
乗降人数	25,312人

中野駅を出た東西線はしばらくすると早稲田通りの下を走るが、その早稲田通りと山手通りとの交差点付近に落合駅がある。山手通りの下は都営地下鉄大江戸線が走っている。

「落合」は、川と川、道と道が合流する「落ち合うところ」という意味。東西線落合駅の名称も、駅の北側を流れる妙正寺川（井草川）と、南側を流れる神田川の合流地点であることに由来する。三鷹市の井の頭池から流れる神田川は、途中で杉並区の善福寺を水源とする善福寺川と合流するが、新宿区の落合では、杉並区の妙正寺池を水源とする妙正寺川と合流することになるのだ。

そして落合の地名は、西部にあることから西落合、中央部は中落合、神田川の下流部に当たるのが下落合、反対に上流部にあるのが上落合と呼ばれるようになった。ちなみに位置的に近い大江戸線や西武新宿線の駅は「中井」だ。中井という地名は、下落合と中落合の中間にあり、両方の落合の中に住むことから命名されたという。また、井戸が多かったからとも言われている。

落合は歴史が古く、目白学園内にある縄文時代の「落合遺跡」、室町時代から続く葛谷御霊神社（西落合）や中井御霊神社の弓神事「お備謝祭り」でも有名。また東京の代表的な山手分譲住宅の一つで、大正モダンの洋風建築が見られる「目白文化村」（地元では落合文化村と呼ぶ）なども残っている。昔から緑豊かな地で、徳川将軍の狩猟記録「徳川実記」などにも落合のことが記されているそうだ。明治の終わりから昭和の初めにかけては、多くの芸術家や文化人が移り住み、落合文士村も形成された。現在の新宿区立林芙美子記念館はその一つだ。自然・歴史・文化の遺跡が今も残る落合周辺はお寺も多く、散策するのに魅力のある街である。

現在

昭和41年

昭和41年開業時の落合駅
東西線が中野駅まで延伸したことによって誕生した地下駅。写真は早稲田通りに面した高田馬場駅寄りの出入り口で、中野駅寄りにも出入り口があり、この構造は半世紀が経過した現在も変わっていない。

撮影：荻原二郎

真言宗豊山派寺院最勝寺。花園神社の別当寺三光院大師堂を吸収。

浄土真宗本願寺派寺院正見寺。赤坂、四谷の地を経て当地に移転。

現在の落合交差点
早稲田通りの地下には東京メトロの東西線、山手通りの地下には都営大江戸線が走る。写真の早稲田通りと山手通りの交差点下に落合駅がある。写真左はJR東中野駅方向。

曹洞宗寺院青原寺。太田道灌の師である雲岡瞬徳禅師が開創した。

浄土宗寺院清源寺。馬術の達人稲垣善右衛門が開基、寛永4年創建。

林芙美子記念館
建物は、放浪記・浮雲などの代表作で知られる作家・林芙美子が晩年住んだ家。現在この家を改築・整備し、「林芙美子記念館」として公開している。

古地図探訪　　　　　　落合付近

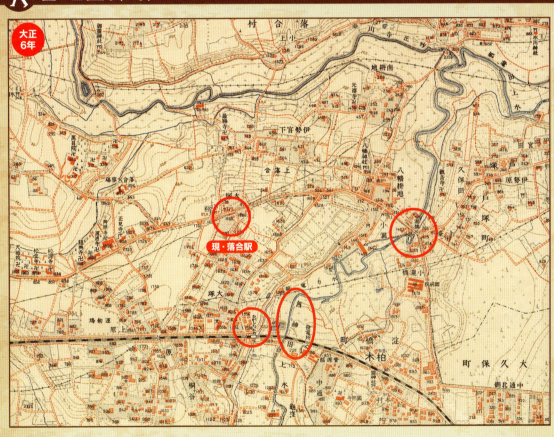

地図の下には中央線が走り、柏木駅が置かれている。この駅は大正6（1917）年に東中野駅と改称し、現在は都営地下鉄大江戸線との連絡駅となっている。一方、北側には昭和2（1927）年に西武新宿線が開通し、中井駅と上落合駅が開業することになる。戦後、早稲田通りに東西線が通り、落合駅が置かれた。西側から蛇行しながら流れてきた妙正寺川は、この付近で旧神田浄水（神田川）と合流することから、「落合」の地名が生まれている。この当時は、豊多摩郡に落合町、戸塚町、淀橋町、大久保町が存在していた。右下に地名が見える小滝橋にはその後、乗合自動車（バス）の営業所が生まれ、現在は関東バス本社、都営バス小滝橋営業所が置かれている。

Takadanobaba St.
高田馬場
たかだのばば

江戸時代の馬場に由来する「高田馬場」
早稲田大学の学生など乗降客の多い駅

【高田馬場駅】

開業年	昭和39(1964)年12月23日
所在地	新宿区高田馬場1-35-2
キロ程	3.9km（中野起点）
駅構造	地下駅
ホーム	2面2線
乗降人数	196,613人

　昭和39（1964）年12月に開業した東京メトロ東西線の高田馬場駅は、JR東日本の山手線、西武鉄道の新宿線の3路線が乗り入れ、接続駅となっている。早稲田大学の学生など乗降客が多く、東京メトロの全130駅の中では東京駅に次ぐ第11位。2015年度の1日平均乗降人員は196,613人とかなり多い。

　駅名の「高田馬場」は、江戸時代に馬場があったことに由来する。馬場は、徳川三代将軍家光が江戸府内に数カ所造ったうちの一つで、最も古い馬場は馬喰町の馬場だが、「馬場」が地名として残されているのは高田馬場のみである。早稲田通りに沿って早稲田方向へ15分ほど歩いた、グランド坂への分岐点に「旧跡高田馬場」の表示板が建っている。

　「高田」の名は、この地に家康の六男松平忠輝の生母「高田の君」の庭園があったから、という説と、地域一帯が高台の地形で俗称として「高田」と呼ばれていたから、などの諸説がある。

　江戸の馬場は、武士の素養である乗馬の訓練のためにつくられた施設で、徳川家の跡継ぎが誕生すると、馬上から的を射る流鏑馬の技術も競われた。現在もその行事は、水稲荷神社と穴八幡で春と秋に分けて開催されている。

　また高田馬場は、赤穂四十七士の一人である堀部安兵衛の仇討ち譚でも有名だ。

現在

昭和40年

開業当時の地下鉄高田馬場駅入口
東西線高田馬場駅は昭和39年12月に開業し、早稲田通りに面して出入り口が設けられていたが、現在は「BIG BOX口」とJR高田馬場駅構内からアクセスする「早稲田口」となっている。建築家の黒川紀章が設計した昭和49年開業の「BIG BOX」は今もランドマークとして健在。

撮影：荻原二郎

戸山公園

新宿区にある都立「戸山公園」。江戸時代、尾張藩徳川家の下屋敷を整備し、回遊式庭園などに整備した広大な公園で、園内の江戸時代に造られた築山「箱根山」が有名である。

東西線延伸のお知らせ

帝都高速度交通営団（現・東京メトロ）による地下鉄5号線（東西線）の高田馬場～九段下間の開通のお知らせ。このときに途中駅として、早稲田、神楽坂、飯田橋の各駅が誕生している。（写真は九段下駅で撮影）

🚶 古地図探訪

高田馬場付近

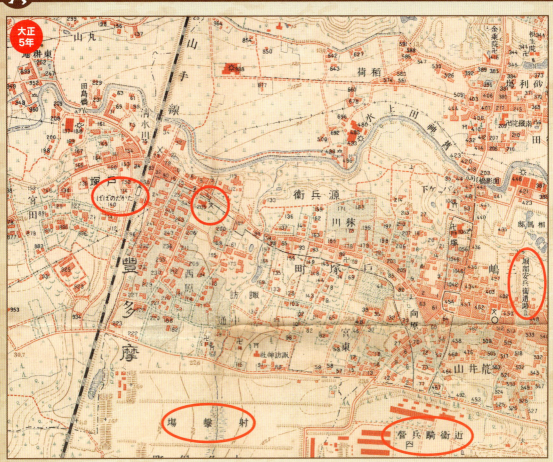

　高田馬場駅の北側には、現在は東京メトロ東西線が通る早稲田通りは見えるものの、北側を走る新目白通りや南北に走る明治通りは開通していない時代の地図である。旧神田上水（神田川）は、現在よりも蛇行する形で流れていた。国鉄山手線がある一方で、西武新宿線はまだ開通していない。地図の下側には、大久保射撃場が広がっている。この当時は、東京市になる前の豊多摩郡戸塚町であり、目立った建物は存在していない。高田馬場駅の東側、早稲田通り沿いに見える「文」の地図記号は、大正7（1918）年に戸塚尋常高等小学校（現・戸塚第一小学校）の分教場から独立した、現在の新宿区立戸塚第二小学校である。

Waseda St.

早稲田
わせだ

文字通り、早稲田大学の最寄り駅
東西線の駅周辺は漱石ゆかりの地

【早稲田駅】	
開 業 年	昭和39(1964)年12月23日
所 在 地	新宿区早稲田南町12
キ ロ 程	5.6km(中野起点)
駅 構 造	地下駅
ホ ー ム	2面2線
乗降人数	80,071人

　昭和39(1964)年12月に開業した東西線の早稲田駅は文字通り早稲田大学の最寄り駅。現在は所沢にもキャンパスがあり、埼玉県本庄に高等学院、東京西郊の国分寺に早稲田実業が移っているが、大学の本部キャンパスや文学部や系列の早稲田高校などは依然ここが本拠地だ。

　この地に大学が出来たのは明治15(1882)年。当時は東京専門学校として創立、明治35(1902)年に早稲田大学となった。キャンパス内には、昭和3(1928)年に日本新劇界の開拓者で早大名誉教授だった坪内逍遙の古希の祝いとシェークスピア全集40巻の翻訳完成を記念した「坪内博士記念演劇博物館」がある。また、近くには早稲田の象徴とも言える大隈重信の銅像や大隈講堂も。大隈講堂は昭和2年に建てられたもので、重要文化財に指定されている。大隈講堂に連なる緑の一帯は大隈庭園。かつてはここに大隈重信の自邸があった。

　大学周辺には、「一陽来福」のお札で有名な穴八幡や堀部安兵衛の仇討ちの碑がある水稲荷神社など史跡も多い。この水稲荷神社では毎年10月に古式ゆかしい流鏑馬行事が行われる。

　早大正門から穴八幡、馬場下を経て外苑東通りを入った早稲田小学校近くに漱石公園がある。夏目漱石が晩年住んだ場所で、隣町の喜久井町は漱石生誕の地。地図を見ると夏目坂通りもあり、東西線早稲田駅周辺は、漱石ゆかりの地であることが分かる。

現在

昭和40年　開業後まもない早稲田駅前
写真手前左側にある出入り口は早稲田大学、早稲田高校最寄りのもので、手前から奥の神楽坂方面へ延びる早稲田通りの先にも出入り口がある。早大正門前を出発した都バスが駅前の交差点に差し掛かっている。

撮影:池田信

早稲田大学
早稲田大学の象徴・大隈重信の銅像と向かい合うのはもう一つのランドマーク大隈講堂。

穴八幡宮
新宿区西早稲田2丁目に鎮座している穴八幡宮。流鏑馬の行事で知られる。

夏目漱石終焉の地
夏目漱石が大正5年に他界するまで居住した跡（漱石山房）が公園として整備されている。

古地図探訪

早稲田付近

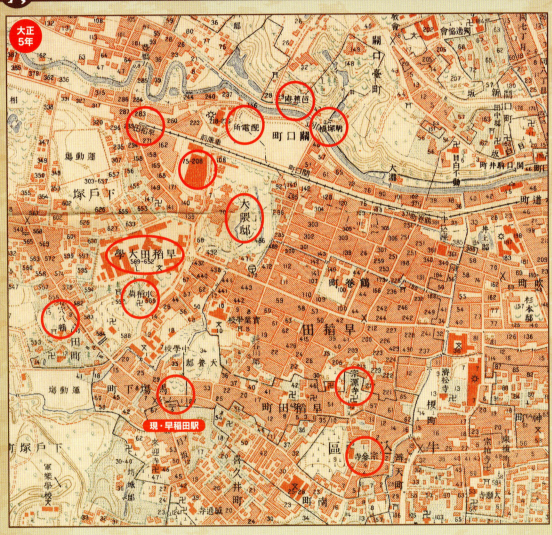

地図の上側には、神田川に沿って新目白通りが走り、西側に延びる市電（都電）が鶴巻町、関口町をへて、早稲田停留場まで到達している。この付近には、配電所、(早稲田)車庫が置かれており、現在は都営バス早稲田営業所となっている。その北側には、駒塚橋が架かり、芭蕉庵や氷川神社が存在している。一方、その南側には大隈邸が広がり、早稲田大学のキャンパスが見える。また、穴八幡宮とともに見える水稲荷神社は、現在と場所が異なり、昭和38(1963)年に早稲田大学と土地交換を行って、新目白通りに近い現在地に移転している。地図の下側は牛込区であり、宗参寺、宗源寺などの寺院が点在している。

Kagurazaka St.

神楽坂
（かぐらざか）

路地に入れば、石畳や黒塀も健在
花柳界の雰囲気に今風の店が調和する街

【神楽坂駅】

開 業 年	昭和39(1964)年12月23日
所 在 地	新宿区矢来町112
キロ程	6.8km（中野起点）
駅 構 造	地下駅
ホーム	計2面2線（2層式）
乗降人数	40,041人

　東西線早稲田駅から西船橋方面に向かう電車は、やはり早稲田通りの下を走って、隣駅の神楽坂駅に着く。最近はテレビや雑誌でも特集されるためか、神楽坂への関心は高まる一方だ。東西線の神楽坂駅は坂の上で、隣駅の飯田橋は坂の下。神楽坂散策を坂上から下りて行くか、坂下から上って行くかで、最寄り駅が変わってくる。

　神楽坂の地名の由来はひと言で「神楽の音が聞こえて来る坂」。付近には寺社が多く、祭礼のときに奏した神輿の神楽が聞こえたから、と伝わる。実際、東西線神楽坂駅の1番出口をでると、そこは赤城神社の参道だ。

　江戸時代から山手七福神の一つ、毘沙門天（善国寺）の門前町で栄え、商店や待合、遊郭もなども並んでいた。明治から昭和初期までは新宿に次ぐ盛り場となり、東京で縁日の夜店が出たのは神楽坂毘沙門天が初めてとか。

　夏目漱石や泉鏡花、尾崎紅葉、北原白秋らの文人たちも通った花街として知られている。現在も繁華街として賑わい、脇道の路地に入れば、当時の石畳や黒塀が残っているのが見られる。石畳のある路地裏は日が暮れるとまたひと味違う雰囲気を醸し出す。

　毘沙門天の近くには花柳界の見番があり、この2階では毎日のように踊りや三味線の稽古が行われているので、昼間は普段着の芸者も行き来する。

　都内には、赤坂や新橋、浅草などの花街がいくつかあるが、神楽坂は今風の店もたくさんあり、それらが花柳界の雰囲気と不思議に調和している。界隈に日仏学院があり、この地にフランス人の住人が多いのも特徴だ。

現在

昭和40年
撮影：池田信

神楽坂上から神楽坂駅方面を臨む
神楽坂6丁目から矢来町方向を見た早稲田通り。そのまま早稲田通りを進むと、東西線早稲田駅に至る。右後方に神楽坂武蔵野館がある。

牛込神楽坂通りの賑わい

飯田橋駅前から上る急な坂が続いていた神楽坂。既に大勢の人が集まる街となっていた。現在は坂上付近に地下鉄の駅が誕生している。

所蔵・生田 誠

現在

神楽坂の料亭街
神楽坂の魅力は路地。界隈に料亭や個性ある店が並び、夜はいっそう雰囲気がいい。

現在

善國寺
神楽坂にある日蓮宗の寺院・善國寺。本尊の毘沙門天は江戸時代より信仰を集めてきた。

古地図探訪
神楽坂付近

　上下を市電（都電）の路線が横切る、神楽坂付近の地図である。北側の神田川沿いの目白通りを走る路線は現在、東京メトロ有楽町線の一部となり、南側の大久保通りを通る路線は都営地下鉄大江戸線となっている。さらに、中央付近の赤城神社の南側、早稲田通りを中心として、東西に横切る東京メトロ東西線が走っている。下側の箪笥町付近には牛込区役所が見え、その東側の横寺町には長源寺、大信寺、常念寺などが集っている。一方、上側を流れる神田川には、江戸川橋のほか、石切橋、古川橋が見える。現在の東京メトロ江戸川橋駅付近の北側には、小日向神社が鎮座し、現在は文京総合福祉センターが誕生している。

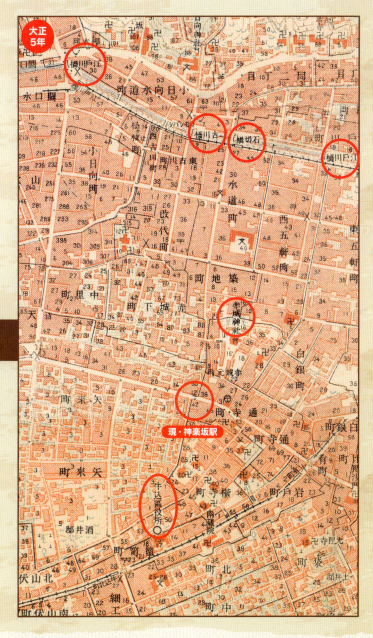

大正～昭和戦前期

大正5年

現・神楽坂駅

中野区 / 新宿区 / 千代田区 / 中央区 / 江東区 / 墨田区 / 江戸川区 / 浦安市 / 市川市 / 船橋市

15

Iidabashi St.

飯田橋
（いいだばし）

飯田という地名は徳川家康が名付けた
江戸城外濠に橋が架けられ「飯田橋」に

【飯田橋駅】	
開業年	昭和39（1964）年12月23日
所在地	千代田区飯田橋4−10−3
キロ程	8.0km（中野起点）
駅構造	地下駅
ホーム	2面2線
乗降人数	186,299人

　JR線に加え、地下鉄が4路線も交差しているのに、神楽坂、九段下といった個性的な駅に挟まれた「飯田橋」は、特に観光客には印象が薄いようだ。「飯田橋」という駅名は昭和3（1928）年につけられたものだが、この地に線路が敷かれたのは明治28（1895）年。中央本線を敷設した甲武鉄道の東京側のターミナル駅として開設された。明治37（1904）年8月には、飯田町〜中野間の10.8kmが電化され、国電の元祖と言われる日本で最初の電車が走った。その後、旅客営業は廃止され、貨物駅に。東京の地場産業である出版印刷業のための紙の流通ターミナルだったが、平成11（2002）年に駅は廃止。跡地は再開発され、オフィスビルやホテルに変わった。

　千代田区飯田橋という町名は、以前、麹町区飯田町であった。「飯田」の名は、徳川家康が名付けたと言われる。家康が江戸に入城し、城の周辺を偵察した時に案内役を引き受けた農民が飯田喜兵衛で、彼を気に入った家康は名主に指名し、以後、飯田町になったという。そして明治14（1881）年、飯田町の北側にある江戸城外濠に橋が架けられ、「飯田橋」と命名された。

　明治になって飯田橋周辺にも新時代が到来する。まず徳川将軍と共に旗本の大半がこの地を去り、新政府により武家屋敷は取り壊される。明治初期から神田川と飯田堀を利用した水運が盛んになり、神楽河岸、飯田河岸などが舟の発着場として栄えた。しかしその後鉄道の建設で水運はアッという間に衰え、関東大震災や昭和の大空襲でダメージを受け、町は大きく変化した。その後飯田堀も都市計画で埋め立てられ、周辺は高層ビルが目立つようになった。現在、飯田町の地名は存在しない。

現在

飯田橋交差点付近　昭和37年
外堀通りと大久保通り、そして目白通りが合流する飯田橋の大交差点。現在は3つの幹線道路を走る自動車で混雑しているが、この頃はのんびりと都電が行き交っていた。付近に高層ビルは見られない。

撮影：池田信

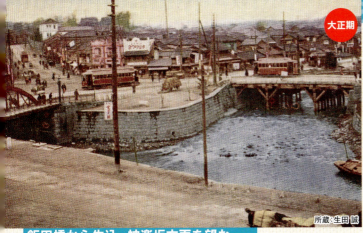

大正期

所蔵：生田誠

飯田橋から牛込、神楽坂方面を望む

橋を渡る市電、坂を走る市電を含めて、3両の路面電車の姿が見える現在の飯田橋付近。まだ、道路が舗装されていなかった時代である。

現在

東京大神宮

東京における伊勢神宮の遙拝殿として明治13年に創建された。関東大震災後に日比谷から現在地に移った。

現在

牛込御門跡

JR飯田橋駅西口からすぐのところに、寛永16（1639）年に建造された江戸城の外郭門が保存されている。外郭門は、敵の侵入を発見し防ぐために「見附」と呼ばれた。

現在

外濠公園と桜

飯田橋から四ツ谷まで約2kmほど続く外濠公園は、高台の遊歩道になっている。ソメイヨシノやヤマザクラなど約240本の桜が植えられ、春はお花見しながら散歩できる。

古地図探訪　飯田橋付近

大正5年

地図の南側には、5方向から東京市電（都電）が集まる飯田橋の交差点があるが、この当時は国鉄の飯田橋駅は開業しておらず、西側の牛込見附付近に牛込駅（後に廃止、飯田橋駅に統合）が存在した。また、東側に引き込み線が見えるのが飯田町駅（後に廃止）である。右上一帯には、小石川後楽園を含む陸軍の東京工廠が広がっていた。地図の下側には、目立つ建物は少ないが、渋谷に移転する前の国学院大学があったことがわかる。飯田橋付近には、神田川（江戸川）が流れており、この川が大きく曲がる白鳥橋付近に「大曲」の市電停留場が置かれている。その東側には、牛天神（北野神社）、諏訪神社とともに小石川区役所が存在していた。

Kudanshita St.
九段下
くだんした

靖国神社、日本武道館の最寄り駅
千鳥ヶ淵の桜の名所でも知られる

【九段下駅】	
開業年	昭和39（1964）年12月23日
所在地	千代田区九段下１－６－１
キロ程	8.7km（中野起点）
駅構造	地下駅
ホーム	2面2線
乗降人数	166,390人

　昭和39（1964）年12月に開業した東西線の九段下駅は、同じ東京メトロの半蔵門線、また都営新宿線との乗換駅で、開業時は始終着駅だった。「九段」はかつて存在した町名で、九層の幅広い石段状の坂道「九段坂」に由来する。江戸時代、石段ごとに幕府、江戸城に勤める武士たちの御用屋敷が並んでいたそうだ。下町と山の手の境界にもなったというこの坂は急勾配で、坂の上からの眺めは絶景で、名所になった。明治以後は段差がなくなってただの坂道になったが、急勾配に変わりなく、坂を上る荷車を助けて駄賃を稼ぐ人夫たちが坂の下にたむろしていたという。

　駅周辺で有名なのは靖国神社。近年は閣僚の参拝などで注目が集まっている。この神社が賑やかになるのは、お正月の初詣、桜の季節のお花見。桜の名所は、北の丸公園の片側を囲むお堀の千鳥ヶ淵が名高い。このほか、7月中旬お盆の「みたま祭り」、そして終戦記念日の8月15日も全国から人々がやって来る。

　靖国神社の反対側には日本武道館がある。内堀の中にあるので、武道館に入るには、皇居の田安門をくぐらなければならない。武道館は昭和39（1964）年に開催された東京オリンピックの武道会場として建設されたもので、現在はさまざまなコンサート会場などに使用されている。昭和44（1969）年に北の丸公園が開園し、公園内には科学技術館、国立近代美術館などもあるが、散策だけでも楽しめる。

現在

昭和37年

九段下交差点付近
写真手前の路面に軌道が見えているのが靖国通りで、靖国神社前から下ってくる都電が左手の神保町方面へ向かっていた。右奥にある九段会館は旧軍人会館で、戦後は宿泊施設や結婚式場として活用されていたが、東日本大震災で被害を受け、休館を経て廃業となった。

撮影：池田 信

九段坂上から神保町方面を望む
広々した靖国通りを下ってゆく市電の姿が見える九段下付近の風景である。奥には神保町、御茶ノ水の街があり、ニコライ堂が建っている。

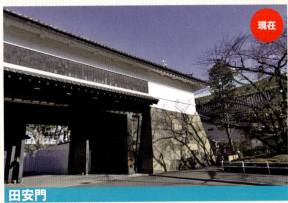

田安門
田安門は、北の丸公園内の江戸城（現・皇居）に造られた枡形門。当時門内辺りを所有していた田安家の名が門名の由来とされている。昭和36年に旧江戸城田安門として国の重要文化財に指定された。

九段下駅のホーム
東西線の高田馬場〜九段下間の開通により、営団地下鉄に導入された5000系の車両が九段下駅に停車している。この当時は、ここが起終点駅であり、竹橋方向には延びていなかった。

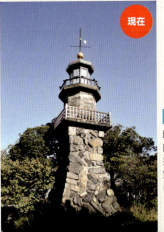

千鳥ヶ淵
千鳥ヶ淵は、皇居の北西側にあるお堀。遊歩道の千鳥ヶ淵緑道にはソメイヨシノやオオシマザクラなど約260本の桜が並び桜の名所として有名。観桜期には全国から100万人以上の人が訪れて賑わう。

常燈灯台
明治4（1871）年に建設された靖国神社正面の常夜灯。当時は東京招魂社（後の靖国神社）に祀られた霊のために建てられた。道路改修に伴い、通りの向かい側から昭和5年に現在地に移転。

Takebashi St.

竹橋
ビル工事と同時施行で副称は「毎日新聞社前」
平川門に近く、皇居東御苑の最寄り駅

【竹橋駅】

開業年	昭和41(1966)年3月16日
所在地	千代田区一ツ橋1-1-1
キロ程	9.7km（中野起点）
駅構造	地下駅
ホーム	2面2線
乗降人数	50,066人

　昭和39(1964)年12月、高田馬場〜九段下間で開業した東西線は、昭和41(1966)年3月に中野〜高田馬場、九段下〜竹橋間が延伸された。この年の10月には竹橋〜大手町間、翌年には大手町〜東陽町間が開業、そして3年後の昭和44(1969)年3月には東陽町〜西船橋間がつながり、中野〜西船橋間が全線開業した。

　竹橋駅は毎日新聞社東京本社など入っているパレスサイドビルディングの地下に、駅の一部がかかっており、工事は同ビルの建設と同時に施工された。副駅名称が「毎日新聞社前」となっている。

　竹橋は皇居の清水濠に架かる橋の名前で、皇居東御苑に入る平川門前の橋だ。江戸時代には大奥の女中たちが出入りする通用門であり、さらに城内の死者や罪人を外へ出す時に使ったので、「不浄門」とも言われた。

　竹橋の由来は、竹で編んだ橋を渡っていたから、また在竹摂津守が近在に居住しており、在竹橋と呼ばれていたのが変じて「竹橋」になったという説もある。

　平川門は、徳川家康が入府する前から門の前を平川が流れ、これに沿って平川村が形成されていたところから「平川門」の名がついたという。

　東西線の竹橋駅は平川門まで徒歩5分と近く、皇居東御苑の最寄り駅。苑内には同心番所、百人番所、松の廊下跡碑、二の丸庭園、三の丸尚蔵館、江戸城天守閣跡などがある。皇室での行事に支障がない限り、昭和43(1968)年から一般公開されている。

昭和39年　駅開設以前の竹橋周辺（空撮）

写真中央手前に見える橋が竹橋で、皇居の堀に沿って右手に内堀通りが延びている。写真中央を走っているのが首都高速道路だが、内堀通りと首都高に挟まれた一帯には、現在毎日新聞社が入居している昭和41年竣工のパレスサイドビル（右上の写真）の姿は見えない。

提供：毎日新聞社

竣工した竹橋 〔昭和戦前期〕
江戸城（皇居）の清水濠（内濠）に架かる竹橋。関東大震災後の復興として架けられた美しい橋は、平成5（1993）年に補修されている。
所蔵：生田 誠

平川橋 〔現在〕
内濠に架かり、一ツ橋一丁目から皇居東御苑に入る木橋。現在の橋は昭和63年に架け替えられた台湾産のヒノキ材で、橋脚と橋台は石造りで、脚桁は鉄骨が使われている。

竹橋周辺 〔現在〕
毎日新聞東京本社があるパレスサイドビルを背景に、平成5年に修復された竹橋が手前に見える。手前の左方向には、東京国立近代美術館、同工芸館、国立公文書館などがある。

江戸城天守台跡 〔現在〕
皇居東御苑北側にある旧江戸城天守台跡。この台の上に江戸城の天守閣がそびえ立っていた。5層の高さは国会議事堂とほぼ同じ高さで、展望台として眺望が楽しめた。

古地図探訪　　　竹橋付近

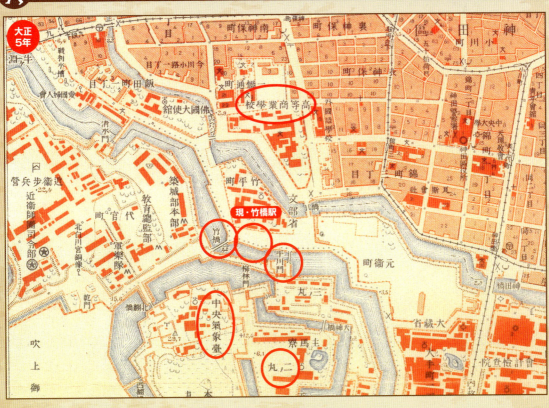

旧江戸城の皇居、東御苑が地図の大きな部分を占め、その北側の濠には竹橋、平川門、平川橋などが見える。左側は機密保護のために白紙部分とされている。この当時は皇居東御苑に中央気象台、正午号砲台が存在していた。現在は宮内庁三の丸尚蔵館、宮内庁病院がある。その北側には、虎ノ門に移転する前の文部省があり、竹橋付近には近衛師団司令部、軍楽隊があった。一ツ橋付近には（東京）高等商業学校、東京外国語学校などが存在していた。両校が移転した跡地には、共立女子大学・高校などが誕生している。その東側にも「文」の地図記号があるが、現在もここには正則学園高校、錦城学園高校がキャンパスを構えている。

Otemachi St.
大手町
おおてまち

全部で5路線が集結する、日本一の地下鉄駅
皇居も近く、将門の首塚など東京名所も多数

【大手町駅】	
開業年	昭和31（1956）年7月20日
所在地	千代田区大手町2-1-1
キロ程	10.7km（中野起点）
駅構造	地下駅
ホーム	1面2線
乗降人数	313,620人

　大手とは城の正面を意味し、江戸城本丸の正門は大手門と言われる。そして、地下鉄5線が集結する「大手町駅」は、日本を代表する銀行、商社、メーカーなど大企業の正面と言うべき場所に位置する。地下鉄5路線の開業順は、東京メトロの丸ノ内線・東西線・千代田線、都営三田線。東京メトロ半蔵門線。半蔵門線が開業した当時は、「日本一の地下鉄駅」としてニュースなどでも取り上げられた。各路線のホームをつなぎ合わせるとアルファベットの「P」のような配置になり、東西線は東京駅に一番近い。

　大手町がこのような大きなオフィス街になったのは、昭和30年代で、戦前、この一帯は国の行政機関が集まる官公庁街だった。その後、国有地が民間に払い下げられ、オフィスビルが建ち並ぶようになった。読売新聞や産経新聞、日本経済新聞の東京本社も大手町にある。大手町の東側は郵政・電信関係のビルが並ぶ。

　ビル街ばかりで味気ないと思うかもしれないが、皇居東御苑も近く、平将門の首塚、和田倉噴水公園など、東京ならではの名所がたくさんある。東京都指定の旧跡とは言え、一千年も昔、坂東の野にたおれた武将・平将門の首と体をおさめた墳墓・首塚があるのが不思議だ。実は明治以降、首塚の移転計画は何度も進められたそうが、そのたびに事故が起こったので、移転計画はなくなったという。これがビルの谷間に首塚が残っている理由だが、なぜか人を惹きつけ、見学者は絶えない。墓前にはいつも季節の花が置かれている。

昭和37年　東西線開業前の大手町交差点

大手町交差点から見た丸ノ内1丁目。左端は第一銀行、向かいには東京UFG銀行になる前の三和銀行が建つ。一帯は「銀行街」と称されるほど金融関係のビルが並ぶ。左右に走るのは永代通り。

撮影：池田 信

現在の大手町駅前交差点
通称「銀行街」と呼ばれる現在の丸ノ内1丁目付近。ほとんどの銀行が本店を建て替え、高層ビル群に様変わりしている。

和田倉噴水公園

昭和36年に今上天皇の御結婚を記念して創建された大噴水公園。平成7年に皇太子殿下のご成婚を記念して再整備。新しく落水施設や天皇陛下御製の歌碑などもある。

将門の首塚

千代田区にある平将門の首塚。文字通り、平将門の首を祀っている塚で、将門塚とも呼ぶ東京都指定の旧跡。周辺にはオフィスビルが林立するがこの一角だけは木が茂っている。

古地図探訪　　大手町付近

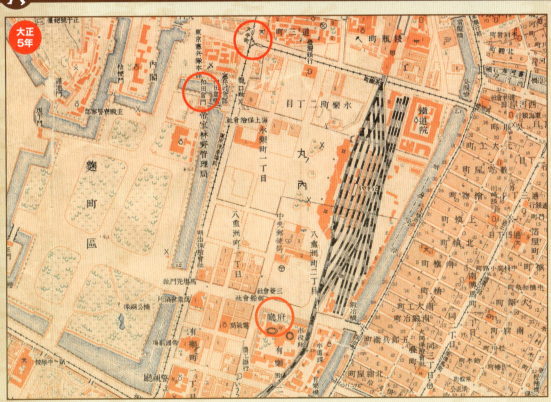

　地図の北側をほぼ東西に走る永代通りの上には、市電の路線が見え、大手町、永楽町、呉服橋などの停留場が置かれている。現在はこの下を東京メトロ東西線が走り、大手町交差点付近に大手町駅が置かれている。この当時は、東京駅の東側（八重洲）には外濠が存在し、呉服橋、鍛冶橋などが架かっていた。
　一方、日本橋川に架かる常盤橋、一石橋などは現在も残っている。東京駅は既に完成していたが、当初は、八重洲口は置かれておらず、また、丸ノ内口の前には市電が至っていなかった。この当時の東京停車場前停留場は、和田倉門の南側に存在していた。駅前に（東京）中央郵便局はあるが、丸の内ビルディング（丸ビル）などは建っていない。

Nihombashi St.
日本橋
にほんばし

江戸時代から商業や文化の発信地
水産関係の老舗が多く残る街

【日本橋駅】

開 業 年	昭和7(1932)年12月24日
所 在 地	中央区日本橋1－3－11
キ ロ 程	11.5km（中野起点）
駅 構 造	地下駅
ホ ー ム	1面2線
乗降人数	174,752人

　同じ東京メトロの銀座線と交差して東西線日本橋（高島屋前）駅が開業したのは、昭和42(1967)年9月。地下通路でつながる都営地下鉄の浅草線を加えると日本橋には3路線が乗り入れている。なお浅草線の日本橋駅は、平成元(1989)年3月までは駅名が江戸橋駅だった。

　地名のもとになる日本橋は、現在、明治44(1911)年の石造りで長さ48.6m、幅27m。橋銘は最後の将軍徳川慶喜の筆によるものだ。橋の中央には日本国道路元標の銘板が埋め込まれ、ここから全国の里程が測られる。橋の欄干に乗る青銅の獅子と麒麟は相変わらず存在感を示しているが、頭上の高速道路が時代の推移を物語っている。

　日本橋という名前の由来は、江戸開府後間もない慶長8(1603)年に橋が架けられ、江戸第一の橋だった、という説や、昔は木を二本並べただけの「二本橋」だったからなどとも言われている。

　橋の北側の日本橋川沿いには魚河岸があった。江戸中期には450軒の魚問屋や仲買で活気をおびていたが、関東大震災後の大正12(1923)年12月に築地へ移転した。三越の前身である越後屋呉服店も江戸中期から繁盛してきた店で、日本橋にはこの頃からの老舗が多く残っている。中でも、海苔、かつお節、佃煮の店など、水産関係の老舗が多いのは、魚河岸で栄えた名残りとされる。また江戸時代の日本橋は、江戸歌舞伎や人形浄瑠璃、絵草紙や浮世絵など、商業だけでなく文化においてもめざましい発展を遂げた。21世紀に入って再開発が進んでいるが、お江戸日本橋の華やかさ再現に期待する人は多い。

昭和37年

現在

道路元標
日本橋の中央には「日本国道路元標」と刻印された丸型の道路元標が埋め込まれている。また、日本橋のたもとにある道路元標の広場には旧東京市道路元標が保存されている。

現在 欄干に乗る麒麟と獅子
橋の欄干には中央柱に麒麟、親柱に獅子と東京市章が彫られている。いずれも青銅製。

現在 三井本館
東京・日本橋で偉容を誇る重要文化財・三井本館。三井財閥の本拠地として建設された。

現在 日本橋
中央区日本橋に架かる日本橋。現行の日本橋は明治44（1911）年完成で国の重要文化財。

首都高速道路完成前の日本橋付近

日本橋川に多くの舟が浮かんでいる日本橋付近の空撮写真。中央通りが走る日本橋の右側が京橋、左側が神田方向である。日本橋川を覆う形となる首都高速八重洲線は、まだ開通じてない。日本橋の右側には、野村証券本社ビル、国分ビルが建っている。

提供：朝日新聞社

Kayabacho St.
茅場町
かやばちょう

日本のウォール街・兜町の最寄り駅
兜神社や銀行発祥の地の銘板が名所に

【茅場町駅】

開業年	昭和38(1963)年2月28日
所在地	中央区日本橋茅場町1-4-6
キロ程	12.0km(中野起点)
駅構造	地下駅
ホーム	1面2線
乗降人数	124,210人

昭和42(1967)年9月に開業した東西線茅場町駅は、日比谷線との乗り換え駅。「日本のウォール街」と呼ばれる日本橋兜町の最寄り駅で、駅周辺は東京証券取引所を中心とした日本を代表する金融街だ。銀行や証券会社の本店や東京支店が密集している。東京メトロでは混雑緩和のため、日比谷線はホーム拡張、東西線は門前仲町方向へ40cmのホーム延長工事が進められている。

この地域の繁栄は、徳川家康が江戸の城下町建設のため、当時、茅が生い茂る沼沢地のような場所の埋立造成工事を行ったのが始まりだ。茅場町の由来にも通じる。江戸城に近く、隅田川河口部と海から江戸を守る軍事上の拠点でもあることから、徳川氏に仕えた水軍などに関係が深い、武家屋敷が配置された。

明治になると武家屋敷跡は官有地となり、資本主義の父である渋沢栄一らによって東京株式取引所(現・東京証券取引所)が誕生。兜町は証券や金融の街へと発展して行く。現在みずほ銀行兜町支店の外壁に「わが国銀行発祥の地」という銘板がはめ込まれているが、これは明治6(1873)年に出来た日本最初の銀行「第一国立銀行」の跡地だからだ。当時頭取だった渋沢栄一の自邸も構内にあった。

また、東京証券取引所本館の北側には道路を挟んで、明治11(1878)年に造営された兜神社が鎮座している。境内に安置されている兜岩は、前九年の役(1050年)に源義家が東征に行く時、この岩に願を懸けて戦勝を祈願したと伝えられ、兜町の由来ともされている。

現在

昭和38年

茅場町駅開設前の茅場町交差点

永代通りと新大橋通りが交差する角に山種証券ビル(現・SMBCフレンド証券)が建つ。交差点手前は兜町2丁目(後の日本橋兜町)付近。

撮影:池田 信

東京証券取引所 現在

日本最大の金融商品取引所である東京証券取引所の新本館は昭和63年に完成。後方の高層ビルは市場館。

渋沢栄一像 現在

日本経済の父と呼ばれる渋沢栄一の銅像は、日本橋川沿いの常盤橋公園に建つ。この像は昭和30年に再建された。

銀行発祥の地 現在

みずほ銀行兜町支店の壁面には「わが国最初の銀行である第一国立銀行が創立されたところ」という発祥の地プレートが埋め込まれている。

兜神社 現在

東京証券取引所本館北、道路を挟んで日本橋川の近くにある小さな神社は、証券界の守り神とされる兜神社。

古地図探訪

日本橋・茅場町付近

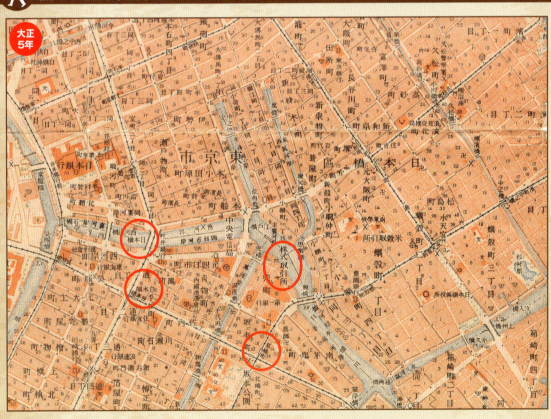

大正5年

現在は東京メトロ東西線が走る永代通り上の市電は、日本橋、茅場町で別路線の市電と交差、連絡している。日本橋を通る中央通りの市電には、室町、通三丁目の停留場が見える。また、茅場町を通る新大橋通りの市電は、鎧橋で日本橋川を渡り、その先に蛎殻町、水天宮などの停留場がある。

この水天宮停留場は、人形町方面からやってくる市電の起終点でもあった。現在は首都高速都心環状線、八重洲線、6号向島線などが開通し、風景は大きく変わっている。この当時は、京橋区と合併して中央区となる前の日本橋区であり、蛎殻町二丁目に区役所が置かれていた。また、日本橋と江戸橋の間には、江戸以来の魚河岸が存在していた。

Monzen-nakacho St.

門前仲町
もんぜんなかちょう

今も昔も、街の象徴になっている永代橋
深川不動や富岡八幡宮への参拝客で賑わう

【門前仲町駅】

開業年	昭和42(1967)年9月14日
所在地	江東区門前仲町1-4-8
キロ程	13.8km（中野起点）
駅構造	地下駅
ホーム	2面2線
乗降人数	115,822人

昭和30年
提供：江東区教育委員会

現在

深川不動の今昔。

　茅場町を出た東京メトロの東西線は、永代通りに沿って走り、隅田川の下を横切って門前仲町駅に着く。駅の西口を出ると門前仲町交差点。隅田川に戻る形で永代通りを西に行くと、雄大な弧を描く永代橋が見える。中央区と江東区を結ぶ長さ183mの鉄橋は、大正15(1926)年に架設された。江戸時代に付近がまだ砂州の永代島と呼ばれていた頃の地名にちなんだ橋名という。初代の永代橋は、元禄11(1697)年、幕府が上野寛永寺の根本中堂建立の残木で架けた。元禄15(1702)年、忠臣蔵で知られる赤穂浪士の一行が、本所松坂町の吉良邸から高輪泉岳寺に向かう途中、この永代橋を渡った。

　門前仲町の「門前」というのは、現在、深川不動堂や富岡八幡宮の門前を指しているが、本来は、江戸時代にあった永代寺の門前、ということで名付けられた。この寺は深川一帯でも指折りの広大な寺院であった。しかし明治の廃仏毀釈で廃寺になり、跡地は深川不動堂や深川公園などになった。その後、明治29(1896)年に旧永代寺が再興され、現在の永代寺になっている。

　深川不動堂は、千葉県成田市にある成田山新勝寺の東京別院。迫力満点の護摩焚きで知られる。富岡八幡宮は、赤坂日枝神社、神田神社とともに江戸の大社として有名。3年に一度の本宮祭りは盛大で、沿道の観衆が神輿に清めの水をかけるため、別名「水掛け祭り」と呼ばれる。また、富岡八幡宮は江戸勧進相撲発祥の地。「巨大力士碑」「巨人力士手形足形碑」などが残っている。

　界隈は、江戸城の南東（辰巳）にあたることから「辰巳の里」と呼ぶ花街で栄えた。現在は飲み屋街になっている。門前の商店街・人情深川ご利益通りには、揚げまんじゅう、どら焼き、せんべい、佃煮などの土産物店が揃い、参拝客の足を止めている。

門前仲町交差点付近
東西線が開通した後も、都民の足として長年親しまれてきた都電は永代通りの路面で活躍していた。しかし、撮影翌年の昭和47年11月にはモータリゼーションの波に押し出されるように、廃止を余儀なくされてしまった。永代通りと交差しているのは清澄通り。

昭和46年
提供：朝日新聞社

提供:江東区教育委員会 昭和30年

深川不動
明治14年完成の深川不動。周辺は富岡八幡や永代寺もある深川の中心街。12月の納め不動や毎月28日の縁日は参詣者で賑わう。

所蔵:生田誠 昭和戦前期

深川、門前仲町付近
深川区(現・江東区)の門前仲町付近を走る市電、乗合自動車(バス)。この門前仲町交差点で永代通り、清澄通りを通る市電が交差していた。

現在

富岡八幡
江戸三大祭の一つ「深川八幡祭り」が有名。境内には、深川力持碑・木場の角乗り碑をはじめ、横綱力士碑・力持碑などがある。

提供:江東区教育委員会 昭和30年

永代2丁目交差点付近
永代通りと葛西橋通りが交差する深川の交通の要衝。都電やオート三輪が行き交う永代通りの先に門前仲町がある。

古地図探訪　門前仲町付近

大正5年

隅田川に架かる永代橋を渡って、門前仲町方面へと市電が延びている。この当時の都電の分岐点は門前仲町ではなく、西側の黒江町停留場であった。門前仲町の北東には深川公園が広がり、人々の信仰を集める深川不動尊、富岡八幡宮が存在していた。南側には大島川が流れ、黒船橋、越中島橋が架かっている。さらに南側には隅田川に架かる相生橋があり、越中島には商船学校、水産講習所、工業試験場が存在していた。隅田川を越えた先には石川島が見え、石川島造船所が存在していた。現在は清澄通りが整備されて都営地下鉄大江戸線が走り、門前仲町駅で永代通りを走る東京メトロ東西線と連絡している。

Kiba St.
木場
広重も描いた、江戸名所だった木場
現在は、埋め立てられて木場公園に

【木場駅】	
開業年	昭和42(1967)年9月14日
所在地	江東区木場5-5-1
キロ程	14.9km(中野起点)
駅構造	地下駅
ホーム	1面2線
乗降人数	75,149人

JR中央・総武線のバイパス路線として敷かれた東西線だが、この路線は予想以上の需要があり、ラッシュ時の混雑は全国のワーストクラスに名を連ねる。そこで東京メトロでは、混雑緩和と遅延解消のため、2022年度完成を目指して、既設のシードトンネルを解体。上部に新たな空間をつくってコンコースを新設する、世界初の工事に取り組んでいる。

奇しくも建築のことでスポットが当たっているが、木場は、江戸時代から建築資材である木材の集散地。隅田川の河口に貯木場が設けられていたことが、地名の由来になっている。付近には材木問屋、製材、原木業者が密集、下町を代表する風景だった。江戸末期の浮世絵師・歌川広重も「名所江戸百景」に深川木場を描いている。

明治以降は東京市のゴミによる埋め立てが進み、昭和30年代の終わり頃に機能を新木場に移し、跡地は埋め立てられて木場公園になっている。

木場公園で毎年10月に開催される「江東区民まつり中央まつり」では、木材を運ぶ職人の余芸として発達した伝統芸能である『木場の角乗』などが披露される。運河に浮かんだ木材に乗り、曲芸を披露する角乗りは、東京都の無形民俗文化財に指定されている。

駅の近くに洲崎神社がある。江戸時代は洲崎弁天社と呼ばれ、明治の神仏分離により洲崎神社と改められた。境内には津波警告の碑「波除碑」があり、都の指定文化財になっている。これは寛政3(1791)年に台風による高波で一帯が被災、幕府が居住を禁止した記念碑だ。

昭和30年
提供:江東区教育委員会

まだ信号のない木場の交差点
永代通りと三ツ目通りが交差する現在の木場5丁目あたり。銘木店が軒を連ね、寿司屋や大衆酒場もあり、当時の賑わいが知れる。

新規場に移転する前の貯木場
木場の貯木場は江戸初期に隅田川の河口に設けられ、建築資材の集積場として活況を呈してきた。しかし、埋め立てなどによって木場の目の前から海がなくなり、昭和44年には貯木場の座を新木場へ譲ることになった。従来の貯木場は木場公園になっている。

昭和29年
提供:毎日新聞社

全盛だった頃の材木街
永代通りが汐見橋を渡るあたり一帯には木場の材木店が建ち並んでいた。街全体が材木の香りに包まれていた。

提供：江東区教育委員会

洲崎神社
江東区木場にある神社。江戸城中紅葉山の弁財天を当地に遷座して創建、明治の神仏分離で州崎神社と改める。波除碑の碑が有名。

古地図探訪

木場、東陽町付近

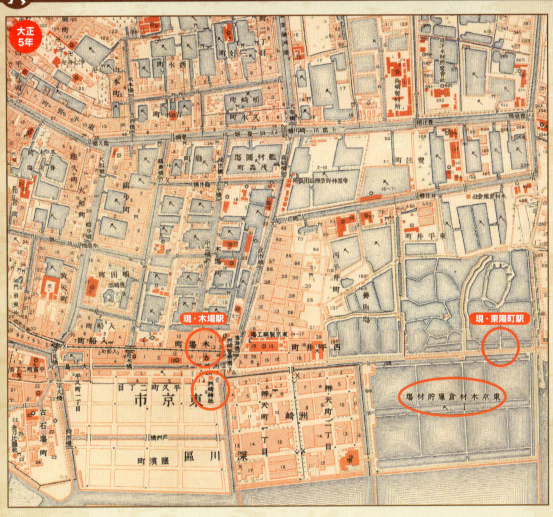

大きな貯木場や養魚場が多く存在していた木場、東陽町付近の地図である。この当時、市電の路線は永代通りを通るもので、洲崎が終点となり、その先の東陽公園へは延びていなかった。現在はこの永代通りの下を東京メトロ東西線が走り、木場駅、東陽町駅が置かれている。市電の洲崎停留場の南側には洲崎神社があり、その東側には洲崎遊郭（弁天町）が広がっていた。上側の東西を横切るように流れる仙台堀川の崎川橋付近には現在、広大な都立木場公園が誕生し、公園の南北を結ぶ木場公園大橋も出来ている。この公園の北側には、東京都現代美術館も誕生している。また、仙台堀川の南側には、葛西橋通りが走っている。

Toyocho St.
東陽町
とうようちょう

江東区の中心で、江東区役所の最寄り駅
駅南側に東京メトロの深川車両基地がある

【東陽町駅】

開業年	昭和42(1967)年9月14日
所在地	江東区東陽4-2-1
キロ程	15.8km（中野起点）
駅構造	地下駅
ホーム	2面2線
乗降人数	122,916人

現在の東陽町駅

　東陽町駅は、東京メトロ全駅中、他線への乗り換えがない単独駅としては乗降客数が最大。2002年度に銀座線虎ノ門駅を上回って、2015年度は1日平均122,916人が利用している。東京の大手町まで10分以内と好立地なため、ベッドタウンとしてマンション等が増えたのが大きな理由だ。また駅周辺には、有力企業のオフィスが数多く進出し、今や大ビジネス街に変貌した。

　東陽町は江東区役所の最寄り駅だ。駅は江東区の中心に位置している。江東区の「江」は深川、「東」は城東の意味で、昭和22(1947)年、深川区と城東区が合併して江東区が誕生した。地理的には、深川区は現在の江東区の西側で、城東区は文字通り東側。東陽町はほぼその真ん中だ。しかし、「江東」の地名は新しいわけではなく、江戸時代からすでに存在していた。ただ当時の江東という地域は、本所地区または深川地区を指し、広く隅田川東部も示したようだ。

　昭和30年代の地図を見ると木場や東陽町辺りには、貯木場として使われていたであろう大きな堀割がある。現在、それらのほとんどが姿を消した。東陽町駅前の永代通りに並行して流れていた洲崎川も、埋め立てられて洲崎川緑道公園に変わっている。

　また、最近の地図からも、東陽町駅周辺は街区が大きいことが分かる。そして木場の方面に行くほど細かい区割りになる。大きい区割りは埋立地や工場だったところで、その後の再開発で地域はめざましい発展を遂げた。駅の南側には東京メトロの深川車両基地もある。

木場から東陽町を空撮
江東区木場3丁目近くの上空から、木場3～5丁目・東陽4～6丁目周辺を撮影している。左から仙台堀川、葛西橋通り。左右の道路は下から三ツ目通り、四ツ目通り。中央の空き地は、以前は貯木場だった木場公園の用地。

提供：朝日新聞社

運河沿いに広がる街 昭和30年
東京湾に繋がる運河が縦横に走っており、運河に沿って住宅や工場が密集していた。飾らない下町の生活があった。
提供：江東区教育委員会

都バスの洲崎車庫 昭和30年
都電の軌道がある永代通りからボンネットバスが車庫に集まってくる。かつて洲崎遊郭があったことから、洲崎という地名が一般的だった。
提供：江東区教育委員会

古地図探訪　東陽町付近

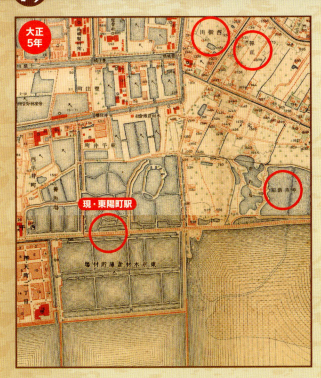

大正5年

開業時の東陽町駅 昭和42年
東陽町駅の地上出入り口。下町情緒の残る街にも、地下鉄の開通とともに新しいビルが少しずつ増えてきた。
撮影：荻原二郎

北側には清洲橋通り、葛西橋通りが走る現在の東陽町付近の地図である。清洲橋通りの南側に見える鳥居の地図記号は、富賀岡八幡宮である。北側から流れてきた横十間川は、現在も仙台堀川と交差した下流で西に流れているが、付近の風景はこの時期の地図とは大きく異なっている。現在はこの南側に、江東区役所、江東区文化センターが誕生し、都立深川高校も存在する。その南側を永代通りが走り、東京メトロ東西線の東陽町駅が置かれている。この時期、西側には、木場付近と合わせて木材倉庫会社などの貯木場が広がっていた。また、東側には西横川、弾正、平井新田などの古い地名が見える。

江戸の漁師たちの知恵で生まれた「深川めし」

深川めしとは、アサリやアオヤギなどの貝類とネギなどの野菜を煮込んだ汁物をご飯にかけた汁かけタイプと、炊き込みタイプがあり、炊き込みはアサリ飯と呼ばれることもある。古くは江戸の深川近辺で大量に採れたバカ貝（アオヤギ）を使っていたようだが、明治・大正の頃になってアサリが使われるようになった。

江戸時代、深川は漁師の町として栄え、江戸前の魚貝類や海苔などを捕る漁師が大勢いた。良質のあさりやカキが名物で、これを漁師の日常食に工夫したのが「深川めし」の始まり。新鮮なアサリとざっくり切ったネギを味噌で煮込み、熱いご飯にぶっかけた一品は忙しい漁の合間に手早く作れ、美味しくて栄養価も高いのでもてはやされたという。また、もう一つの炊き込みご飯は、汁気がないので大工など職人の弁当に持っていける、と重宝された。

Minami-sunamachi St.

南砂町
みなみすなまち

ファミリー層の新住民が急増した街
現在、ホームの増設工事が進行中

【南砂町駅】	
開業年	昭和44(1969)年3月29日
所在地	江東区南砂3-11-85
キロ程	17.0km（中野起点）
駅構造	地下駅
ホーム	1面2線
乗降人数	62,151人

現在の南砂町駅

　東京メトロで最も深い位置にある駅は、深さ37.9mの千代田線・国会議事堂前駅。これは駅一帯が小高い丘で、地表から深い位置に造られたのが要因だという。

　一方、地表から浅い位置に設けられた駅の一つが、深さ6.3mの東西線・南砂町駅。ほかに同じ6.3mの丸ノ内線・本郷三丁目駅、東高円寺駅（6.4m）、銀座線・稲荷町駅（6.8m）が浅い位置に駅を設けている。南砂町駅周辺は、埋め立て地が多く、南砂町駅自体も埋め立てられた洲崎川の下に設置された。

　周辺は、隣駅の東陽町同様、数百戸規模の大規模マンションやショッピングセンターが続々と建設され、ファミリー層の新住民が急激に増えた。ラッシュ時の混雑も相当なもので、東京メトロでは、現在、混雑緩和と遅延防止のため大規模なホーム増設工事（2020年完成予定）

を進めている。駅の北にある南砂三丁目公園内には、この改良工事の内容や工程などを紹介する、工事インフォメーションセンター「メトロ・スナチカ」が平成26（2014）年3月25日にオープン。砂町の歴史コーナーや鉄道模型展示コーナーも併設している。

　南砂町駅一帯は、江戸時代に砂村新左衛門が新田開発し、「砂村新田」と呼ばれたところ。昭和になり、東砂・北砂・南砂・新砂などの地区にわけられた。主に住宅地として栄え、今も高層マンションなどの新しい住居区に、下町の江戸情緒が残る街並みが混在している。仙台堀川を埋め立てて造られた仙台堀川公園や都電の軌道跡を利用した南砂緑道公園など、緑地が多いのもこの地域の魅力。仙台堀川公園は桜の名所で、園内には区内に現存する最古の民家である旧大石家住宅が存在する。

開業時の島式1面2線ホーム
営団地下鉄東西線の東陽町〜西船橋間開業を前に、南砂町駅で発車式が行われた。祝賀電車（営団5000系）のテープを切るのは帝都速度交通営団の牛島辰弥総裁。

昭和44年

提供：朝日新聞社

東砂の金魚養殖池 昭和30年

明治の頃から海苔や牡蠣の養殖が盛んになり、それとともに金魚の養殖にも力が入れられ、新種も生み出された。

提供：江東区教育委員会

南砂の越中島線ガード 昭和30年

貨物線のガード下を都電が潜り抜けていく。一帯には木造住宅や町工場が密集しており、まだビルの姿は見られない。

提供：江東区教育委員会

古地図探訪　　南砂町付近

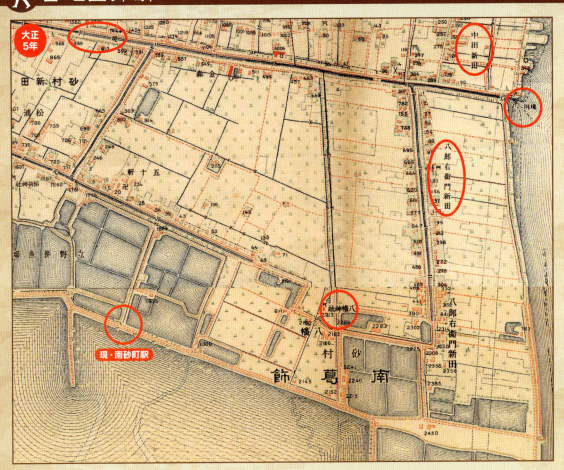

大正5年

　現在は葛西橋が架かる南砂町付近には中田新田、大塚新田、八郎右衛門新田の間を流れる境川が存在したが、現在は廃川となり「境川」の地名が残っている。また、荒川放水路に架かる葛西橋は、初代の橋が昭和3（1928）年に完成している。この古い橋に代わり、昭和38（1963）年、やや下流に葛西橋通りが走る現在の葛西橋が架橋された。かつてはこの葛西橋は都電29系統の終点でもあった。現在、この南側に清砂大橋通りが架橋され、清砂大橋通りが江戸川区方面へ伸びている。永代通り・清砂大橋通りを走る東京メトロ東西線には、南砂町駅、西葛西駅が置かれている。葛西橋通りの北側には昭和39（1964）年、都立浅草高校が移転してきて都立東高校となっている。また、地図の下に見える八幡神社は富賀岡八幡宮である。

Nishi-kasai St.

西葛西
にしかさい

地元の要望で昭和54年に開業した新駅
新時代を象徴するニュータウンを形成

【西葛西駅】

開業年	昭和54(1979)年10月1日
所在地	江戸川区西葛西6-14-1
キロ程	19.7km（中野起点）
駅構造	高架駅
ホーム	2面2線
乗降人数	102,815人

　都心の地下を走り抜けて来た東西線は、南砂町駅を出ると間もなく勾配を上がって地上に出る。そして江東区と江戸川区の境となる、長い荒川中川橋梁を渡る。東京メトロで一番駅間の距離が長いのが、この南砂町～西葛西間(2.7km)だ。中高層マンションや商店街が見えて来ると江戸川区の西葛西駅だ。

　西葛西駅は、東西線が開業した時にはなかった駅だ。その後、昭和40年代頃から宅地化が急速に進み、地元の強い要望もあって昭和54(1979)年10月に開業した。江戸川区の南に位置する葛西地区にはもともと鉄道がなく、バスだけが走っていた。そこに都心から10分余りの東西線が開通したので、その後の葛西地区の発展は急ピッチに進む。駅周辺はいわゆる一戸建ての住宅は少なく、アパートやマンションなどの中高層の集合住宅が並ぶ。駅近くの全域が埋立地という清新町にも、「葛西クリーンタウン」などの高層の大規模団地が建ち並び、学校や公園も整備され、まさに新時代を象徴するニュータウンを形成している。

　西葛西は20世紀後半までは東京湾に面し、一帯は葛西浦、葛西海岸と呼ばれる遠浅で、海苔や魚も多く採れる豊かな海だった。しかし近年の開発により著しく環境が悪化。江戸川区では、美しい自然を失った反省から、葛西臨海公園などを擁する水と緑のエリアを復活。日本初の古川親水公園や東京湾のなぎさを甦らせさせた。

昭和49年 **新駅開設前の西葛西駅付近**

付近の急速な宅地化によって昭和54年に新設された駅だったが、開業後も利用者数はうなぎ登りで、平成11年からのホーム拡幅などの大規模な改善工事を経て現在に至っている。駅の利用者は快速停車駅の浦安よりも多い。

提供：©江戸川区

昭和30年代

西葛西駅北側

路線バスは南側にロータリーがあり全て都営バスが発着している。また、西葛西はリトル・インディと呼ばれるほどインド人が多く住んでいる。

現在

西葛西駅

西葛西駅の南側の葛西沖開発区画整理が完成した現在、新しい住宅地である清新町や臨海町には多くの住民が居住し、さらに発展している。

高級ブランドだった葛西海苔

葛西浦で採れる海苔は「葛西海苔（浅草海苔）」という高級ブランドで、江戸時代から採取されてきた。広大な海苔養殖場もあった。

古地図探訪 西葛西付近

江戸川区の西葛西付近の地図であり、宇喜田町、小島町二丁目、新田一・二丁目、葛西二丁目の地名が見える。地図の上側、現在、東京メトロ西葛西駅が開業している場所の北、宇喜田町には、農地の中に滝沢工業工場、田中建設工場が存在していた。現在は、都立宇喜田公園、行船公園、江戸川区自然動物園が置かれており、その南側を葛西橋通りが通っている。さらに、西葛西駅の南側には、清砂大橋通りが走っている。

地図の南側には、荒川に注ぐ左近川があり、河口付近に新漁港が見える。現在、この左近川は、川ではなく水路となり、新左近川として新左近川親水公園が誕生している。

昭和33年

kasai St.
葛西(かさい)

高架駅の下にある
地下鉄博物館が有名
かつては葛西浦の漁業で栄えた地域

【葛西駅】

開業年	昭和44(1969)年3月29日
所在地	江戸川区中葛西5-43-11
キロ程	20.9km(中野起点)
駅構造	高架駅
ホーム	2面2線
乗降人数	103,531人

　駅の高架下に地下鉄博物館があることで知られる葛西駅。副名称に「地下鉄博物館前」が付いている。博物館がオープンしたのは昭和61(1986)年7月。館内に展示されているのは、日本初の地下鉄車両である東京地下鉄道1000形と丸ノ内線で活躍した営団300形など。どちらも歴史的に価値のある車両だ。来館者のお目当ては地下鉄の運転を体験できるシミュレーターだ。いずれも本物の運転台を使用しているので、車両によるハンドル操作の違いが実感できる。なかでも人気なのが、6000系のカットボディと組み合わせた千代田線のシミュレーション。シミュレーター床下に揺動装置が組み込まれており、車両の揺れがリアルに体感できる。他にも銀座線、有楽町線、半蔵門線の運転シュミレーターが用意されている。

　「葛西」の名は、平安時代以前から文献に現れ、下総国葛飾郡の西半分を葛西、東半分を葛東と呼んだと言われる。また中世に葛飾区の中心地だった青戸に葛西城を構えた葛西氏が支配していたのも関係があるようだ。葛西駅の下を環七通りが南北に貫いているが、この通りが青戸で葛西城の城郭跡を東西に分断、それぞれ「御殿山公園」「葛西城址公園」として残している。

　葛西は江戸川区の南部一帯を指すが、この地域は700年以上前からの漁村で、魚介類や海藻類が豊富だった。

　特に海苔の採取は寛永時代から栄え、葛西浦で採れる葛西海苔は有名だった。しかし、昭和37(1962)年に葛西沖の埋め立て計画が決定したことで、葛西浦の漁業は長い歴史に終止符を打った。

昭和60年　葛西駅上空からの空撮

都心に近いことから市街地が急速に発展し、開業当初から乗降客数は伸び続け、東陽町〜西船橋間の快速が止まらない駅としては断然の利用者数を誇っている。高架駅である当駅の真下を環状7号線が横切っている。写真にはまだ地下鉄博物館の姿は見えない。

提供：©江戸川区

地元を上げて葛西橋竣工を祝う

昭和38年、江東区東砂と江戸川区西葛西を結ぶ葛西橋が竣工し、現在の地下鉄東西線と並行するように葛西橋通りが東西に走った。

線路敷設中の葛西駅付近

突貫工事で敷設された東西線葛西駅付近。当時、このあたりは「陸の孤島」とも呼ばれていたが、東西線の敷設とともに大発展する。

葛西駅

バスのロータリーは左右にありこちらは東側の光景である。なぎさニュータウン、コーシャハイム南葛西、葛西臨海公園などへ向かうバスが発着している。

葛西駅西側

駅のすぐそばでありながら、のどかな風景である。「どこ行くの？、東京へ行く」東西線が開通する前まで、荒川を越えることを土地の人たちはそう言っていた。

地下鉄博物館

葛西駅の高架下にある地下鉄を専門に扱った博物館。電車だけではなく線路の仕組みやトンネルの構造なども勉強できる。

古地図探訪

葛西付近

　地図の中央、葛西一丁目付近に見える「文」の地図記号は、明治15（1882）年に長島村郷倉に開校した辰己小学校に起源をもつ学校で、現在の江戸川区立第二葛西小学校である。この学校の北側には、葛西橋通りが走り、旧江戸川に架かる浦安橋を渡って浦安方面に延びている。また、南側には清砂大橋通りが整備されている。葛西橋通りが環七通りと交わる長島町交差点の南側を東京メトロ東西線が走り、葛西駅が置かれている。旧江戸川の妙見島には、東京油脂工場が見える。地図の上側には、凡音寺、自性院、清光寺、香取神社といった寺社が多数存在している。

Urayasu St.

浦安

東西線の開通で一躍ベッドタウンに！
かつてはディズニーランドの玄関駅だった

【浦安駅】

開業年	昭和44（1969）年3月29日
所在地	千葉県浦安市北栄1－13－1
キロ程	22.8km（中野起点）
駅構造	高架駅
ホーム	2面2線
乗降人数	78,150人

　葛西駅を出発した電車は、旧江戸川を渡って千葉県に入り、浦安駅に着く。浦安は昭和44（1969）年3月に東西線が開通するまで本格的な公共交通機関がなく、「陸の孤島」と呼ばれた漁村だった。

　明治42（1909）年に町制が施工された時は、わずか4.43平方kmの千葉県で最も小さな町だったという。しかし、現在、浦安市の面積は16.98平方kmと約4倍に膨れている。理由は、沖の百万坪と言われた広大な干潟を埋め立てたからだ。現在ある19の町のうち、明治22（1889）年にできた浦安村から存在しているのは、堀江、猫実、当代島の3地区。これら以外はすべて埋め立てによって新しく生まれている。昭和56（1981）年に市制を施行し、浦安市になったが、このように市域の4分の3が埋立地、というのは全国でも例を見ない。

　東西線が開通すると、東京の中心まで20分もかからないこともあり、一躍ベッドタウンとして注目され、今や東京ベイエリアを代表する都市にまで発展した。

　また、舞浜地区に東京ディズニーランドが建設されたことも、浦安を日本を代表する地域の一つとして有名にした。東西線の浦安駅は、昭和63（1988）年にJR京葉線の舞浜駅が開業するまでは東京ディズニーランドの玄関駅になっていた。「舞浜」はアメリカフロリダ州にあるディズニーランド近くのマイアミビーチにちなみ、マイアミの浜＝舞浜から名付けられたという。

昭和57年　建設中の東京ディズニーランド

埋め立てによって新しく誕生した舞浜の地に、東京ディズニーランドのアトラクション施設が建てられつつある。「舞浜」の地名の由来は、オリエンタルランドの提案により、本国の施設がある米・フロリダのマイアミと「舞を舞いたくなるような楽しい浜辺」という趣旨が合わさったとされている。

提供：朝日新聞社

浦安駅

南側から見た現在の駅舎。東西線開通後は急速に都市化が進む。開業時、快速は通過していたが、昭和50年からは平日の日中と休日に快速が当駅に停車するようになった。

開業時の浦安駅

それまで陸の孤島といわれていた浦安町に東西線が開通したことによって、あたり一帯のベッドタウン化が急速に進み、見る見るうちに活況を呈するようになっていった。当初は快速が停まらない駅だったが、現在ではすべての快速が停車するビッグステーションになった。

撮影：荻原二郎

山本周五郎「青べか物語」の舞台になった浦安

作家の山本周五郎は、昭和の初め、スケッチに出掛けた浦安の地が気に入り、その後、しばらく浦安で暮らした。当時は25歳で失業中の苦しい生活で、それだけに浦安で触れ合った人情と風景は忘れがたい思い出となって残った。そして昭和35年、浦安が舞台の『青べか物語』が世に出て人気を博す。物語には昭和初期の浦安で商魂たくましく毎日を生き抜く、素朴な庶民の日常が描かれている。

当時の浦安は、境川の両岸に人家が密集し、川にはベカ舟がひしめくように浮かんでいた。ベカ舟というのは一人乗りの平底舟で、主に貝や海苔採りに使われた。これらの舟は、夜が明ける前に数珠繋ぎになって沖に広がる広大な干潟へと出て行ったという。青べか物語にも、「汐が大きく退く満潮の前後には、浦粕（浦安）の海は磯から遠くまで干潟になる。」と描かれている。昭和30年代頃までは浦安は潮干狩りが盛んで、アサリや大きな蛤も採れた。

古地図探訪　　　浦安付近

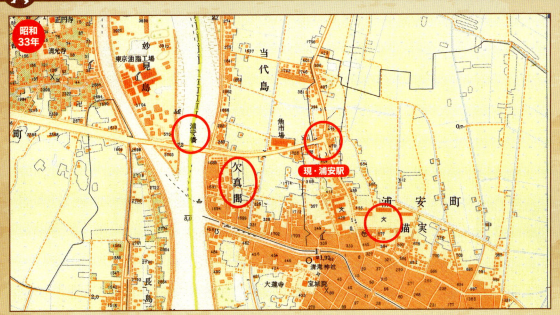

東京都と千葉県の境目となる、旧江戸川が流れる浦安町（現・浦安市）の地図であり、上側には浦安橋が架かっている。現在の東京メトロ東西線は、この道路の南側を東京方面から北東に進み、浦安橋の東側で県道10号と交差する。この地図上には魚市場が存在するが、現在はその東側に浦安駅が置かれている。

浦安橋の北西、妙見島には東京油脂工場が存在している。浦安町には、当代島、欠真間、猫実、堀江などの地名が存在し、大蓮寺、正福寺といった寺院が点在している。猫実の文字がある付近にある「文」マークは、現在の浦安市立浦安小学校で、明治22（1889）年に猫実、堀江、当代島の3小学校が合併して創立された。

Minami-gyotoku St.

南行徳
みなみ ぎょう とく

かつての面影を残す、宮内庁の新浜鴨場
行徳街道沿いには、古い街並みが残る

【南行徳駅】

開業年	昭和56(1981)年3月27日
所在地	千葉県市川市相之川4-17-1
キロ程	24.0km（中野起点）
駅構造	高架駅
ホーム	2面2線
乗降人数	52,522人

　西葛西駅などと同様、東西線の開通で沿線人口が増えたため、昭和56(1981)年3月に新設された南行徳駅。その後、平成23(2011)年1月からリニューアル工事が始まり、太陽光発電システムや自然光が入るホームの膜屋根、LED案内看板、インバーター照明機器等が採用され、新時代にふさわしい駅舎になった。

　かつて千葉県東葛飾郡の町だった南行徳は、山本周五郎の「青べか物語」の舞台となった浦安と同じく、地域には広大な湿地と干潟が広がり、雁や鴨、鷺、千鳥などの群れが見られた。国際的にも有名な鳥類生息地で、今も当時の面影を残すのが宮内庁の新浜鴨場だ。その後、隣接して人工的な「市川野鳥の楽園」も造成されている。

　北側を流れる旧江戸川沿いには、江戸時代に行徳船の拠点となる河岸が設けられていた。行徳船は行徳にあった塩田で作られた塩を江戸に運ぶためのものだった。また、江戸の暮らしを支える食料や物資を運ぶとともに、当時流行していた成田山詣での足として利用されていたそうだ。行徳の河岸からは行徳街道など各地に主要道路も伸び、交通の要衝としても賑わっていたという。現在も、行徳街道沿いには寺院や江戸時代の遺構が残り、歴史を感じられるスポットが多い。

　昭和30(1955)年に行徳町が、31(1956)年に南行徳町が市川市に合併。34(1959)年から公有水面の埋め立て事業がスタートした。広大な埋立地は臨海工業地帯となり、さらに昭和44(1969)年の東西線開通で地域の雰囲気は一変。現在はマンションやアパートがひしめく大住宅地になった。

昭和48年

南行徳付近の空撮
市川塩浜の上空から、宮内庁新浜鴨場を見た空撮写真である。この時期は、南行徳駅が開業して周辺の開発が進む前であり、現在はこの付近に千葉県立行徳高校や市川市立福栄中学校、南新浜小学校など多くの学校が誕生している。

提供：朝日新聞社

南行徳駅 現在

北側の風景。こちらからは路線バスが発着しており、江戸川スポーツランドや新浦安駅に向かう京成バスと東京ベイシティバスが乗り入れている。

07系電車 平成24年

当初有楽町線の輸送力増強用の新型車両として導入された。しかしホームドア設置の関係上有楽町線から運行離脱し、全てが東西線に転籍した。同時に帯色はゴールドからスカイブルーに変更された。

古地図探訪　　南行徳付近

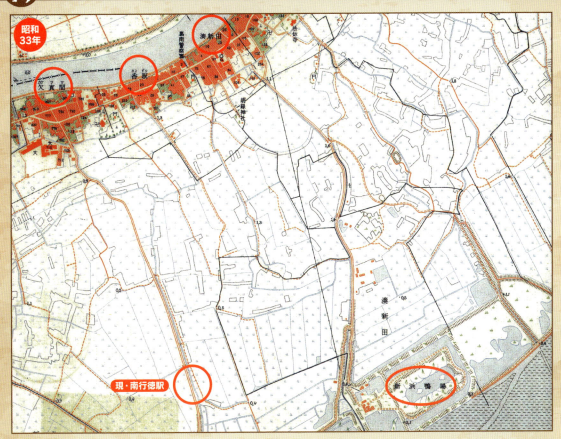

　現在の東京メトロ東西線の南行徳駅の周辺は、新たに開発された住宅地であり、駅の東側には浦安市立富美浜小学校、福栄小学校、南行徳中学校が開校している。また、その東側の新浜に宮内庁新浜鴨場、野鳥の楽園がある。一方、この地図の当時は、南行徳駅周辺は広い範囲で田圃であり、湊新田の南側に新浜鴨場があるだけである。一方、上側には江戸川が流れ、湊新田、香取、欠真間の地名が見え、川沿いに行徳街道が通り、集落が続いている。現在はこの付近に南行徳図書館、南行徳小学校などが誕生している。その南側には、行徳バイパスとともに、南行徳駅の置かれている東西線が通り、中間には南行徳公園が存在している。

行徳 Gyotoku St.
ぎょうとく

江戸川水運と
寺の町で知られる行徳
家康も気に入った「行徳塩」で有名

【行徳駅】

開業年	昭和44(1969)年3月29日
所在地	千葉県市川市行徳駅前2-4-1
キロ程	25.5km（中野起点）
駅構造	高架駅
ホーム	2面2線
乗降人数	56,064人

　戸数1000軒、寺100軒と言われた行徳の街は、お寺が多いことで知られている。東西線行徳駅に隣接して妙典駅が新設されたので、いまは妙典のほうからが近いが、行徳寺町は古くから広い範囲で構成されている。

　行徳一帯は、江戸川最下流と放水路に挟まれた葛南デルタ上にあり、駅前から西北方向の旧街道筋に出ると、自然堤防に沿って古い街並みが細長く延び、昔の宿場町の面影を漂わせている。江戸時代にはここに河岸も置かれ、人々の往来が活発だった。街道両脇のそこかしこにお寺が並んでいたという。

　また、近年になって埋め立てられた一帯は、その昔、内湾沿いに大塩田が広がっていたところ。江戸時代は旧本行徳村で、幕府の直轄領だった。家康は江戸に幕府を開くと、真っ先にこの行徳塩田に着目。塩焼き百姓に下賜金を与えて塩田を保護した。塩焼きというのは、当時の製塩法。海岸の干潟に堤を設け、満潮時にその中へ潮水を導き入れ、日光で干した塩をさらに塩釜で焼く、という方法だ。製塩された行徳塩は、行徳河岸から江戸へ向けて次々と運び出されて行った。江戸名所図会には「行徳汐浜の図」としてこの地の塩田最盛期が描かれている。塩田は大正時代頃まで見られたそうだが、津波や台風の被害で次第に衰退してしまう。その後、塩田跡は埋め立てられて工場や住宅街に様変わりしたが、今も本塩や塩焼など、塩田に由来する地名が残っている。

行徳付近の空撮
昭和52年

写真の中央を東西線の高架線が走り、行徳駅が置かれている。その左側を千葉県道6号が通っている。既に多くの集合住宅が誕生し、道路の整備も進んでいる。奥には江戸川の流れが見える。

提供：朝日新聞社

行徳塩浜のみち

駅前に掲げられている観光看板。塩浜地区には現在、JR京葉線の市川塩浜駅が開業している。

行徳駅

妙典駅開業前までは中野方面への行徳始発列車及び中野方面からの行徳終着列車の設定があった。

古地図探訪

行徳付近

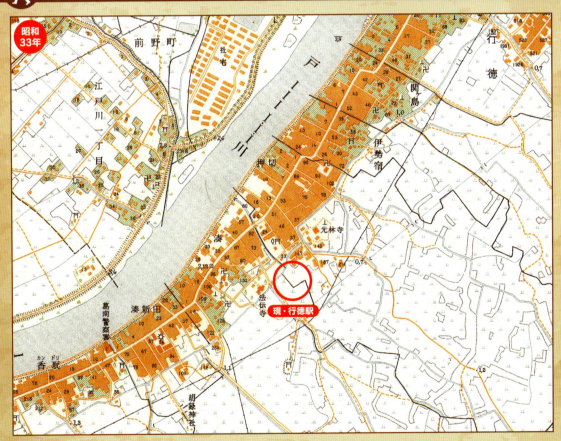

　東京都から旧江戸川を渡ってすぐにある千葉県市川市の行徳付近の地図である。この行徳周辺は、江戸時代は浮世絵師の歌川広重が「江戸近郊八景」に描いた美しい海景が見られたが、その後の埋め立てで風景はかなり変化している。
　また、この付近の旧江戸川に橋はなく、かなり下流に今井橋が存在する。現在は、旧江戸川と江戸川に挟まれた地域に、千葉県道6号市川浦安線が通り、その南側に東京メトロ東西線が通り、行徳、南行徳駅が置かれている。また、この当時は開発されていなかった埋立地は、現在は住宅地に変わり、海岸沿いには首都高速湾岸線が通って、JR京葉線も開通している。この地区のJR駅の駅名には、「行徳」ではなく「市川塩浜」が選ばれている。

Myoden St.
妙典
みょうでん

妙典駅は、
東西線で最も新しい駅
日蓮ゆかりの寺町情緒も味わえる街

【妙典駅】

開業年	平成12(2000)年1月22日
所在地	千葉県市川市富浜1-2-10
キロ程	26.8km(中野起点)
駅構造	高架駅
ホーム	2面4線
乗降人数	48,991人

　妙典駅は、平成12(2000)年1月開業と、東西線で最も新しい駅だ。新興住宅地化が急速に進む中で、地元からの熱烈な要請で新駅設置が実現した。実は東西線開通時より、予め下妙典信号所には新駅建設の準備工事が施されていたという。江戸川寄りには東京メトロの深川検車区行徳分室がある。

　「妙典」とは変わった名だが、優れた教えを説いた教典、特に日蓮が唱えた「南無妙法蓮華教」から由来している。千葉県は日蓮にゆかりが深く、妙典地区一帯は日蓮宗のお寺が多い。毎年11月11日には、日蓮の命日供養として恒例の萬燈供養が行われる。萬燈式は妙好寺を出発し、妙典界隈を行列するというもの。軒先に提灯が並び、昼夜2回にわたって行列が街を行く様子は、寺町の風物詩になっている。また寺町で4月と5月に行われる三十三観音札所めぐりも恒例行事。

　寺町では、徳川家の位牌が多く残る菩提寺「徳願寺」が有名。円山応挙の幽霊画や宮本武蔵ゆかりの寺としても知られている。地域には神仏具店も多いが、これは海辺で適度に湿度のある風土が漆塗りによかったからと言われている。また、日光から江戸へ渡ってきた宮大工や仏師がこの地に住み着き、発展して行ったという説もある。

　再開発などで街が均一化して行く中、板塀に瓦屋根と、歴史や風土を感じさせる街並みは心が癒やされる。行徳河岸跡の常夜灯も江戸水運時代の栄華を偲ばせている。

昭和42年 妙典付近の空撮

新行徳橋などが見える江戸川、旧江戸川が流れる妙典付近の空撮写真で、既に江戸川を渡る東西線の橋梁は見えるが、平成12年に開業する妙典駅は存在しない。駅周辺が開発される前の風景である。

提供：朝日新聞社

妙典駅
開業時と現在で駅舎の光景は変わらないが、駅周辺は宅地開発や商業施設などがオープンし町は一変している。

徳願寺
除夜の鐘を自分で突くことができるこの寺は慶長15(1610)年に徳川家康によって建立された。山門は安永4(1775)年建築で同寺最古の建造物。安置する二王像や本格的な彫刻は有名。

古地図探訪

妙典付近

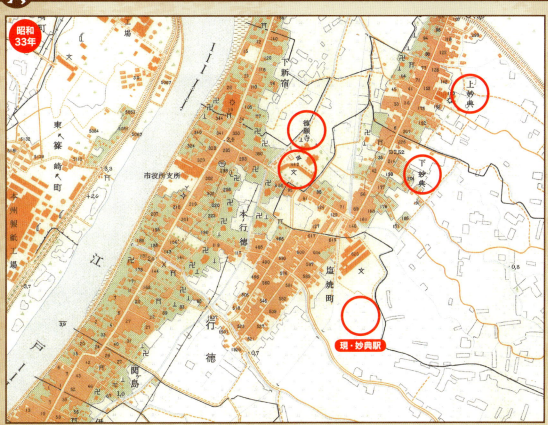

　地図の右下に東京メトロ東西線が走り、妙典駅が置かれることになるが、この当時は上妙典、下妙典の地名が見えるだけである。この西側、徳願寺付近に見える「文」の地図記号は現在、末広一丁目に存在する市川市立第七中学校である。この南側に、現在は行徳駅が置かれている。
　この付近には、法泉寺、浄閑寺、本久寺など「卍」で示される多くの寺院が存在したことがわかる。また、分岐点付近の旧江戸川には、江戸川水門、関東地建出張所が置かれていた。

Baraki-nakayama St.

原木中山
ばらきなかやま

市川市・原木と船橋市・本中山の合成駅名
江戸川河口のハゼ釣り名所でも知られる

【原木中山駅】

開業年	昭和44(1969)年3月29日
所在地	千葉県船橋市本中山7－7－1
キロ程	28.9km（中野起点）
駅構造	高架駅
ホーム	2面2線
乗降人数	26,016人

東西線の原木中山駅の敷地は市川市と船橋市の2市にかかっているので、駅名は、市川市の「原木」と船橋市の「本中山」の合成駅名が採用された。

原木は、市川市に組み込まれた旧東葛飾郡原木村のことで、本中山は「元の中山」を意味し、法華経寺の門前町がある市川市中山との関係に由来する。

市川市と船橋市はもともと東葛飾郡に属していたが、現在は松戸市・野田市・柏市・流山市・我孫子市・鎌ヶ谷市の6市が東葛地域。市川市・船橋市は、浦安市・八千代市・習志野市を加えて葛南地域と称されている。

葛南地域は、県の北西部に位置する湾岸地域で、西は江戸川を挟んで東京都と接し、大規模な商工業が盛ん。臨海部には京葉臨海工業地帯が広がり、商業施設やアミューズメント施設が集まっているのが特徴。県庁所在地の千葉市よりも東京都寄りに位置し、東京のベッドタウン化が顕著なことから、住んでいる人たちも「千葉都民」と呼ばれ、千葉県への帰属意識が希薄だ。実際、東西線が敷かれたことで、原木中山駅から日本橋までは約30分。千葉より東京に近い感覚は否めない。

しかし、都心にはないのどかな雰囲気も満喫できる。江戸川の河口付近はハゼ釣りの名所として知られ、夏場は釣り客の乗降が多い。

昭和44年

提供：朝日新聞社

東陽町～西船橋間開業前の試運転
営団地下鉄東西線の東陽町～西船橋間が3月29日に開業するのを前にした試運転電車。西船橋を発車して京葉道路を越え、原木中山駅に入る営団5000系電車。15kmの延伸区間のうち、11.9kmが田園地帯を貫く高架橋だ。

原木中山駅 現在
当駅の住所は船橋市本中山だが行徳寄りに少し進むと市川市高谷となり同市の田尻にも近い。

原木中山駅 昭和44年
開業当初の風景。この時代は自動改札ではなく駅員が配置されていた。当駅は妙典、葛西と同様に快速列車の待避ができる構造となっている。
撮影：荻原二郎

古地図探訪　原木中山付近

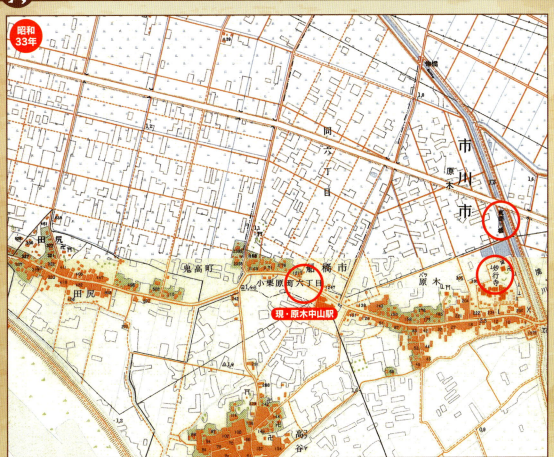

昭和33年 / 現・原木中山駅

　この原木中山駅は市川市に存在するが、駅名は市川市の原木と船橋市の本中山が合成されており、船橋市本中山は市川市の中山、原木、鬼越などの地区に囲まれる形になっている。
　両市の境界付近には、桜の名所として知られる真間川（境川）が流れており、現在は東京湾に注ぐ付近にJR京葉線の二俣新町駅が開業している。また、その後に京葉道路、首都高速湾岸線が開通し、原木インターチェンジが誕生している。一方、この当時は、北側に千葉県道283号、南側に県道179号が通っているだけだった。県道283号には、真間川に架かる真間川橋が見える。県道179号が真間川を渡る付近には妙行寺が存在している。

Nishi-Funabashi St.

西船橋
にしふなばし

東京の地下鉄全体でも最東端に位置する駅
かつての宿場町から大流通都市に発展

【西船橋駅】

開業年	昭和44(1969)年3月29日
所在地	千葉県船橋市西船4-27-7
キロ程	30.8km（中野起点）
駅構造	地上駅（橋上駅）
ホーム	2面4線
乗降人数	280,011人

現在の西船橋駅

　南砂町駅を出てすぐ地上区間の高架を走って来た東西線はいよいよ終点の西船橋駅へ。JR線と東葉高速線との接続駅で、3社5路線が乗り入れるターミナル駅だ。周辺は昭和30年代頃から住宅地として飛躍的に発展。空き地や田畑が目立った北東部も近年はマンションなどが建ち並び、人口が増加した。西船橋駅すべての路線の乗降客を合計すると、千葉県の駅では最も多く、乗り換え客も多いことからラッシュ時は特に混雑する。東京メトロはもちろん、都営地下鉄も含めた東京の地下鉄全体でも最東端に位置しているが、都心までは30分で行かれる好立地が人気を呼んでいる。昭和33(1958)年に駅周辺における住居表示が変わり「西船」という地名が登場。西船橋駅自体も通称「西船」と呼ばれることが多い。

　船橋の地名の起こりは、上代の頃に海老川河口に船を並べて橋を渡したことから、と言われる。江戸時代は千葉街道と成田街道の追分、宿場町として賑わった。また内湾に面した港町としても栄え、古くから交通の要衝であった。徳川家康が東金原へ鷹狩りに赴く時のために、この地に宿泊所を設け、船橋から東金と直結する「御成街道」を開通させた話は有名だ。

　千葉街道と成田街道の分岐点近くの丘の上に船橋大神宮が鎮座する。伊勢神宮の朝日の宮に対し、この神宮は夕日の宮と呼ばれ、日本武尊の東征にちなんだ創建伝説も残っている。境内の小高いところには県指定文化財の灯明台が立つ。これは沖を行く漁船の目印となったものだ。かつてはここから見晴らせた内湾の海も、昭和30年代の埋め立て開発で遠のき、灯明台も用済みとなったが、船橋市は復元文化財として保存し大切にしている。

昭和43年　西船橋付近の空撮
既に東西線が開通し、連絡駅となる西船橋駅になっていたものの、駅の南側にはまだ多くの田畑が残っていた。この空撮写真の左側は、京成線が走る北方向となる。現在は武蔵野線と京葉線が、駅から南北それぞれの方向に走っている。

提供：朝日新聞社

西船橋駅ホーム 昭和42年

東西線開業前、周囲に何もなかった頃の西船橋駅ホーム風景。停車しているのは総武線上り電車。

撮影：矢崎康雄

西船橋駅ホーム 昭和44年

西船橋で東西線5000系が並ぶ。快速の次の停車駅は一気に東陽町だった（当時は浦安は通過）。

撮影：矢崎康雄

古地図探訪　　西船橋付近

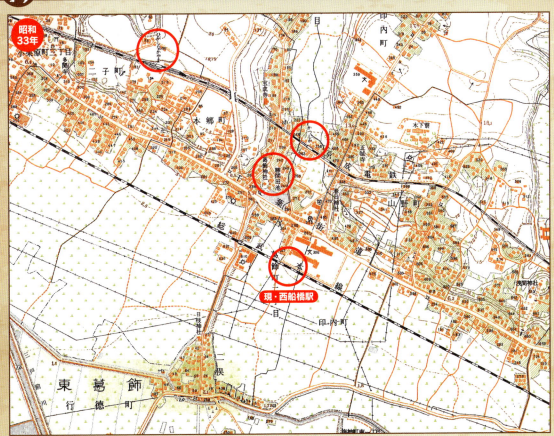

昭和33年

現・西船橋駅

　地図の中央を京成本線、国鉄総武線が走っている。国鉄には西船橋駅は存在せず、京成には葛飾駅が置かれている。国鉄の西船橋駅が開業するのは、昭和33（1958）年であり、東京メトロ東西線が延伸し、西船橋駅に至るのは昭和44（1969）年である。現在は、武蔵野線・京葉線が開通し、連絡駅となっている。

　また、京成の葛飾駅は昭和62（1987）年、京成西船駅に駅名を改称している。両線の間には、千葉街道が通っている。現在も西船橋駅の北側には、葛飾神社が鎮座しているが、この当時は勝間田池も存在していた。この池は埋め立てられて、勝間田公園に変わっている。総武線の南側にはまだ、農地が広がっていたこともわかる。

都営地下鉄新宿線

京王線との相互直通運転が前提
終点は千葉県市川市の本八幡

　東京の地下鉄ネットワークを支えるもう一つの担い手、都営地下鉄は、様々な公共交通機関を抱える東京都交通局のエースだ。新宿線は、都心を南北に走る浅草線・三田線に次ぐ3番目の路線で、これに環状で回る新しい大江戸線を加えると、4路線が存在する。

　新宿線は、西の京王線との相互直通運転が前提で建設されたことが特徴だ。東は都営交通では唯一都内から飛び出し、千葉県の本八幡を終点にしている。営業距離は基点の新宿から本八幡まで23.5kmある。

　路線は変化に富み、駅間の距離の長短も目立つ。たとえば、九段下〜神保町間は600m、新宿〜新宿三丁目間や浜町〜森下間は800mと短いが、東大島〜船堀間は1.7km、篠崎〜本八幡は2.8kmも離れている。東大島と船堀を含む区間には2.5kmの地上区間がある。

　これらの駅がつながるまでには紆余曲折がある。昭和55年（1980）3月に新宿〜岩本町間が開業、京王新線経由による京王線との相互直通運転を開始。その後も延伸を繰り返し、平成元年（1989）3月に新宿〜本八幡間全線が開通した。終点が本八幡なのは、当時、千葉県が北総ニュータウン（現・千葉ニュータウン）を建設予定で、それに伴い本八幡まで鉄道が敷設されることになっていたからだ。東京都交通局は、これに都営新宿線を直通運転でつなげるつもりでいた。ところが、この計画は頓挫し、延長計画も幻となった。

京王線に合わせ軌間は1372mm
都営初の急行運転で輸送力を強化

　ところで、日本の地下鉄で1372mmの軌間を使用しているのは新宿線のみだ。当初は浅草線と共通化できる1435mmの標準軌の予定だったが、相互乗り入れの京王線に合わせ、軌間は1372mmとなった。もともと京王電鉄が軌間1372mmを採用したのは、東京市電（後の都電）への乗り入れ構想があったからだ。東京市電の前身は東京馬車鉄道で、明治15（1882）年に開業する際、アメリカから客車を輸入したが、この軌間が1372mmだった。つまり軌間1372mmは、東京馬車鉄道→東京市電→京王電鉄→都営新宿線へと受け継がれたことになる。

　もうひとつ新宿線の話題で欠かせないのが、平成9（1997）年12月から開始した、都営初の急行運転だ。東京の地下鉄で快速や急行などの速達列車が運転されているのは、東京メトロ東西線に続く2例目になる。しかし東西線の快速運転は地上区間が多く、本格的な地下区間での急行運転は新宿線が初めてと言っても過言ではない。これらにより新宿線はさらに輸送力が強化でき、当然ながら乗客の利便性も高まった。

　東京の東西をつなぐ路線として計画された都営新宿線。西側は京王線と相互直通運転が行われ、都内は、新宿区・千代田区・中央区・墨田区・江東区・江戸川区を横切る。東の終点は千葉県本八幡までなので、神奈川・東京・千葉を横断していることになる。

昭和53年

撮影：荻原二郎

東大島駅
新大橋通りと都道477号の交差点付近に、東大島駅は置かれている。新大橋通りの下を走ってきた都営地下鉄新宿線は、この駅の手前で地上に出て高架線となり、都道を跨ぐことになる。

第2部
都営地下鉄新宿線

都営地下鉄新宿線は、東京都新宿区から千葉県市川市までを結ぶ東京都交通局が運営する地下鉄。京王線との相互直通運転を行うことを前提とした路線で、都営の鉄道路線では唯一、都外まで路線を延ばしている。東京メトロ東西線と同じく、中央・総武緩行線のバイパス的役割も担っているが、ラッシュ時の混雑率は東西線のほうが高い。しかし乗車人数は年々増加傾向にあり、大部分の列車を8両編成から10両編成に増結、輸送力強化を図っている。沿線には歴史的なスポットも多く、観光目的の乗客も目立ってきた。

船堀付近を走る笹塚行き。

Shinjuku St.

新宿
しんじゅく

新宿と千葉県市川市を
つなぐ異色路線の起点
京王相模原線からの直通列車が頻繁に運行

【新宿駅】

開 業 年	昭和53(1978)年10月31日
所 在 地	新宿区西新宿1－18
キ ロ 程	0.0km（新宿起点）
駅 構 造	地下駅
ホ ー ム	1面2線
乗降人数	280,183人

新宿は、渋谷とともに休みを知らない街として知られる。朝はオフィス街に押し寄せるサラリーマンやOL、昼間は買い物客、夜は歓楽街に繰り出す若者たちの熱気があふれている。ネオンが夜通し輝き、眠ることを知らない街なのだ。

そのルーツは、寛永2(1625)年までさかのぼる。今の新宿二丁目付近、旧鎌倉街道沿い一帯に宿場が設けられ、当時そこに住んでいた関東奉行・内藤修理亮清成の屋敷があったことから、「内藤宿」と名付けられた。さらに元禄11(1698)年、内藤氏屋敷の北側にあたる甲州街道と青梅街道の追分（分岐点）に新しい宿場ができ、これが「内藤新宿」と呼ばれたことから、現在の新宿の地名が生まれた。いずれにしても、常に人が集まる華やかさに満ちた地であるのは、今も昔も変わらない。

その中心をなすのが新宿駅。現在ではJR東日本、私鉄の京王電鉄・小田急電鉄、地下鉄の東京メトロ丸ノ内線・都営新宿線と大江戸線が乗り入れる大ターミナル駅だ。これら多くの路線が周辺地域のベッドタウンなどと結ばれ、昼夜を問わず人の流れをつくっている。

都営新宿線は山手線を東西に結ぶ形で開設され、新宿と千葉県市川市の本八幡駅を結んでいる。都営地下鉄でありながら、千葉県に終点がある異色の路線として注目された。また、京王線との相互乗り入れが前提で建設されたので1372ミリゲージが用いられ、他線とは直通出来ないのも特徴だ。

現在

昭和36年

町名が角筈だった頃の新宿駅西口
新宿区角筈2丁目（後の西新宿1丁目）から見た新宿駅西口。写真後方は青梅街道方向、建設中の建物は小田急百貨店。現在の西口広場は、新宿副都心建設会社の委託を受けた小田急が昭和39年から2年がかりで完成させた。

撮影：池田信

京王線と都営新宿線の直通運転祝賀列車。
撮影:山田虎雄

新宿駅の全景
新宿駅を西口側から俯瞰したもので、手前から京王線、小田急線、国鉄のホームが並ぶ。写真奥の森は新宿御苑。

古地図探訪
新宿・新宿三丁目付近

　新宿区の前身となる淀橋区が誕生する以前の地図であり、右下には「新宿御苑」が白地で示されている。新宿駅の東側には、淀橋町の角筈や内藤新宿町などの地名が見え、この後、淀橋区、四谷区をへて、現在は新宿区の一部に変わっている。この時期は、地下鉄各線はもちろんのこと、小田急線、西武新宿線が開通しておらず、国鉄の山手線、中央線とともに、京王電気軌道(現・京王電鉄)の路線が見えるのみである。当時の京王は軌道線であり、新宿3丁目(追分)にあった「新宿追分」駅を起点に西南に進み、駅南側の大ガードを越えて府中方面に向かっていた。その北側の新宿通りには、市電(都電)の新宿車庫があり、新宿警察署も存在していた。

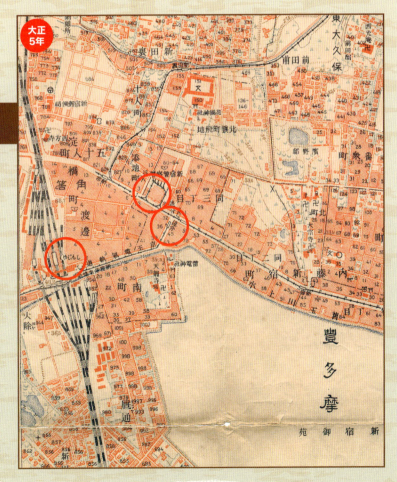

Shinjuku-sanchome St.
新宿三丁目

「新宿追分」と言われた新宿三丁目交差点
内藤新宿の鎮守・花園神社に紅テント登場

【新宿三丁目駅】

開 業 年	昭和34(1959)年3月15日
所 在 地	新宿区新宿3-3-2
キ ロ 程	0.8km（新宿起点）
駅 構 造	地下駅
ホ ー ム	1面2線
乗降人数	68,358人

　都営新宿線の新宿三丁目駅は、東京メトロの丸ノ内線、副都心線も交差するターミナル駅。新宿駅とともにメガシティ新宿の玄関口になっている。副駅名が「伊勢丹前」となっており、地下3階のホームからエスカレーターで上がって行くと、丸ノ内線上にある地下通路・メトロプロムナードが広がり、新宿駅まで歩いて行かれる。また同じ地下通路を通り、新宿サブナードを経由すると西武新宿駅へ。さらに新宿駅と都庁前駅を経由して西新宿駅まで行くことも可能だ。副都心線の駅を挟んで甲州街道の地下に南北に伸びている地下道を利用すれば、新宿南口にあるタカシマヤタイムズスクエアに出る。雨の日は濡れずに済むし、道に迷うこともないので便利だ。

　新宿はもともと甲州街道の宿場町だった。「新宿」と言うだけに江戸の宿場町としては新しかったが、昭和の初めから繁華街として急速に発展し、戦後はみるみるうちに巨大化した。宿場があったのは、新宿追分と言われる新宿三丁目交差点の付近だ。

　内藤新宿の鎮守である花園神社は、もとは新宿三丁目交差点付近にあったが、寛政年間(1789～1801)に北側の現在地（新宿5丁目）に移転した。江戸時代には四谷追分稲荷と呼ばれ、昭和40(1965)年に花園神社と改称した。靖国通りから入る参道に建っている銅製の唐獅子一対は内藤新宿の氏子から寄進されたものだという。花園神社には、昭和42(1967)年8月、唐十郎主宰の状況劇場の紅テントが初登場、以来、ニュー・ウェーブを好む若者たちに支持された。

昭和37年

新宿通りと明治通りの交差点付近
明治通りと交差する追分交差点から新宿駅方向を撮影。右は伊勢丹。右側が新宿3丁目、左側は角筈1丁目（現・新宿3丁目）。写真奥の信号左手は三越新宿店だった。今はない山一証券の広告塔も見える。

撮影：池田信

新宿三丁目交差点 現在
伊勢丹は、先行して百貨店を構えていたほてい屋を買収し、現在のような東京を代表する百貨店に成長した。

新宿三丁目交差点付近 昭和戦前期
江戸時代から追分と呼ばれてきた新宿三丁目の交差点付近。正面に映画館、ダンスホールだった帝都座が建ち、奥には三越新宿店が見える。

所蔵：生田 誠

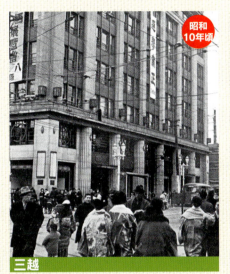

三越 昭和10年頃
伊勢丹とともに関東大震災後の昭和戦前期、新宿に買い物客を呼ぶ原動力となった三越新宿店。着飾った男女が通る、新宿通りの風景である。

花園神社社殿 現在
鮮やかな朱塗りが目を引く花園神社社殿。創建以来、何度も大火災に遭い、社殿を再建してきたが、現在のは昭和40年6月に完成した鉄筋コンクリート造り。

大宗寺の地蔵菩薩 現在
新宿2丁目にある浄土宗の寺院。内藤氏の菩提寺でもある。境内には地蔵菩薩像（江戸六地蔵）の第三番がある。夏目漱石の「道草」に描かれたお地蔵様でも知られる。

花園神社 現在
江戸時代に内藤新宿が開かれて以来、新宿総鎮守として祀られている。敷地内で劇団や催し物が開かれるなど、若者に支持される新宿の街の文化の一翼も担っている。

帝都座 昭和10年頃
新宿三丁目のランドマークとなっていた映画館、帝都座。地上7階、地下2階でダンスホールなどもあった。

伊勢丹
新宿三丁目に進出した伊勢丹は、先行して百貨店を構えていたほてい屋を買収し、現在のような東京を代表する百貨店に成長した。

昭和10年頃

Akebonobashi St.

曙橋
あけぼのばし

一般公募で縁起のいい名前が付いた「曙橋」
近くの新宿歴史博物館では新宿区の発展を紹介

【曙橋駅】

開業年	昭和55（1980）年3月16日
所在地	新宿区住吉町7-1
キロ程	2.3km（新宿起点）
駅構造	地下駅
ホーム	2面2線
乗降人数	36,498人

　駅名になっている曙橋は、駅東側を走る外苑東通りの経路上にある陸橋に由来するもの。この陸橋は下の靖国通りと立体交差している。曙橋は関東大震災後に復興事業の一つとして建設計画が検討されたが、資金などの関係で遅れ、昭和32（1957）年にようやく完成した。橋の名前は一般公募により選ばれたもので、「曙」には復興と成長の願う、人びとの切実な思いが込められているという。

　駅近くには、陸上自衛隊市ヶ谷駐屯地があり、隣接して中央大学市ヶ谷キャンパスもある。付近には、平成9（1997）年にお台場に移転したフジテレビの本社もあった。駅前商店街のあけぼのばし通りは「フジテレビ通り」と呼ばれていたが、現在でも商店街には「左 フジテレビ」と朱色の字で書かれた道標が残されている。

　周辺でぜひ寄ってみたいのが、曙橋駅から徒歩8分のところにある「新宿歴史博物館」（新宿区三栄町）だ。江戸時代の内藤新宿の復元模型、江戸時代の商家、昭和初期の文化住宅の復元家屋、都電11系統（新宿駅前〜月島八丁目）・12系統（新宿駅前〜両国駅）を走っていた5000形のレプリカなどが展示されている。また、昭和初期に急速に発展した新宿駅周辺の風俗や娯楽など、新宿区の歴史が実物の資料やパネルで見られる。

昭和37年　曙橋から市ヶ谷方面を望む
外苑東通りに架かる曙橋の上から見た靖国通り。後方は市谷見附交差点方向。正面にあるのは、市谷本村町の自衛隊・市ヶ谷駐屯地。

現在

撮影：池田信

曙橋 現在

旧・四谷区と旧・牛込区の境界に位置する陸橋の曙橋。橋の上を走る外苑東通りと下を走る靖国通りと立体交差している。橋の長さは103m、幅員は22mある。昭和32年に完成した。

新宿歴史博物館 現在

平成元年に会館した新宿区の郷土資料を扱う博物館。地上3階、地下1階の構造で、内藤新宿復元模型や江戸時代商家、昭和初期文化住宅、都電レプリカなど、人気の常設展示物は地下1階にある。

防衛省 現在

防衛省市ヶ谷庁舎を正門方向から見る。ここには本省、陸上・海上・航空の幕僚3監部などが所在する。これらの施設の一部は、防衛省が実施する「市ヶ谷台ツアー」に参加することで一般人も見学できる。

古地図探訪

曙橋付近

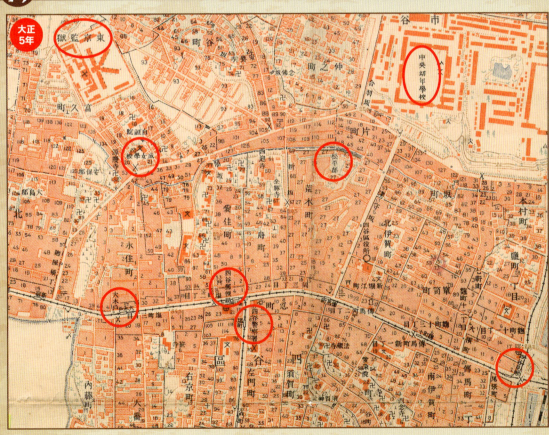

地図の中央からやや右上、松平邸がある片町に、都営地下鉄新宿線の曙町駅が置かれることになる。その北東には、市ヶ谷にあった陸軍施設、(陸軍)中央幼年学校などが広がっている。また、北西の富久町付近には東京監獄(市ヶ谷監獄)が存在し、跡地は現在、都立総合芸術高校などに変わっている。その南側に見える成女学校は、現在もこの地にある成女高校・成女学園中学校である。国鉄四ツ谷駅が存在する、四谷見附から西側に伸びる新宿通りには市電(都電)が走り、四谷郵便局や四谷警察署がある塩町(現・四谷三丁目)が分岐点となっていた。新宿通りの市電は、(四谷)大木戸、新宿一丁目をへて、新宿駅前まで延びていた。

Ichigaya St.
市ヶ谷
いちがや

新宿区と千代田区の2区にまたがる市ヶ谷
台地に沿う高台の住宅地は元祖山の手の街

【市ヶ谷駅】	
開業年	昭和55（1980）年3月16日
所在地	千代田区九段南4-8-22
キロ程	3.7km（新宿起点）
駅構造	地下駅
ホーム	2面2線
乗降人数	92,994人

　東西線の市ヶ谷駅から出て、お堀に架かる市ヶ谷橋を渡り、市ヶ谷見附に出るとそこは新宿区、逆に都営新宿線が下を走る靖国通りを歩くと千代田区である。市ヶ谷はお堀を挟んで2つの区にまたがっており、それぞれに違う街の表情を見せている。変わらないのは外堀の一角にある釣り堀の市ヶ谷フィッシュセンターののどかな風景。ここだけは時間がゆっくり流れているようだ。

　市ヶ谷橋を渡って外堀通りと靖国通りが分岐するところにあるホテルグランドヒル市ヶ谷の裏手に市谷亀岡八幡宮が鎮座している。この神社は、文明11（1479）年に太田道灌が江戸城築城の際に西方の守護神として鎌倉の鶴岡八幡宮の分霊を祀ったのが始まり。道灌は風水を用いて江戸城を築いたとも伝えられている。

　市ヶ谷という地名の由来は諸説あって、四谷の一つ目の谷なので一ヶ谷で「市ヶ谷」。また亀岡八幡宮の門前で市が開かれたので、市買いから「市ヶ谷」になったという説も。さらには当時の領地を市ヶ谷孫四郎という人物が持っていたので「市ヶ谷」になったとも伝わる。

　もともと市ヶ谷は、市ケ谷駅の西側に広がる台地を中心とした地域で高台の住宅地が多く、江戸時代の大名屋敷を経て、明治時代も山の手のお屋敷町として知られ、現在も高級住宅街として評価されている。

外堀を渡る靖国通り
撮影場所は外堀通り（手前左）と分岐する市谷見附交差点。中央の橋は外濠と国鉄中央線の市ケ谷駅に架かる市ケ谷橋。橋の後方は千代田区で、二番町にあった日本テレビ（現在は汐留）の電波塔が見える。

現在

昭和37年

撮影：池田 信

釣り堀
JR市ケ谷駅前にある釣堀・市ヶ谷フィッシュセンターは、創業50年以上の総合観賞魚センター。大きなコイ、金魚釣りなどエリア別で1時間750円（貸し竿代100円、エサ代80円は別）で気軽に楽しめる。

亀岡八幡
文明11（1479）年、太田道灌が江戸城築城の際に西方の守護神として鎌倉の鶴岡八幡宮の分霊を祀ったのが始まり。「鶴岡」に対して亀岡八幡宮と称した。現在の社殿は1962年に再建されたもの。

市ヶ谷の外濠
都心には皇居（旧江戸城）を取り巻くお濠が多く残っているが、市ヶ谷の外濠もその一つ。かつて市ヶ谷見附があった市ヶ谷橋（靖国通り）の上流側で、水と緑の景観を今に伝えている。

古地図探訪　　　市ヶ谷付近

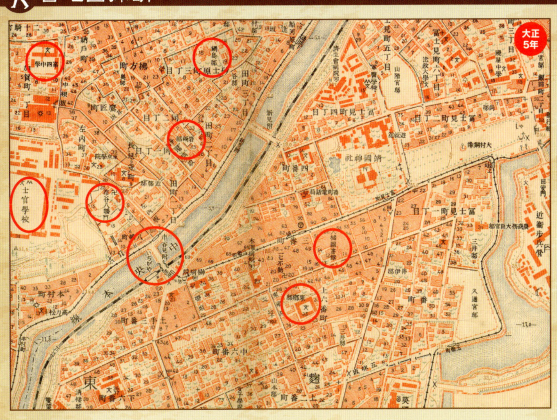

この当時、市ヶ谷橋を渡る東京市電（都電）の線路は存在せず、靖国神社方面から市ヶ谷駅前に至る路線と、外濠沿いを走る路線は結ばれていなかった。地図の右下には、東郷平八郎元帥にゆかりの東郷邸、東郷坂が見え、現在は東郷元帥記念公園が存在する。その北側には、現在は芝公園内にある三康図書館の前身、博文館の大橋図書館があった。市ヶ谷駅の西側には、陸軍士官学校の用地が広がっており、市谷八幡町の由来となった市谷八幡（市谷亀岡八幡宮）が鎮座している。士官学校の北に見える、東京府立第四中学は戦後、移転して都立戸山高校となり、跡地には新宿区立牛込第三中学校が建っている。また、この付近には岩崎邸、鍋島邸などの邸宅が多くあったこともわかる。

Kudanshita St. / Jimbocho St.
九段下・神保町

駅間距離が0.6kmと短い九段下と神保町
裏路地文化の探訪が楽しい学生の街

【九段下駅】

開業年	昭和39（1964）年12月23日
所在地	千代田区九段北1-13-19
キロ程	5.0km（新宿起点）
駅構造	地下駅
ホーム	3面4線
乗降人数	102,649人

【神保町駅】

開業年	昭和47（1972）年6月30日
所在地	千代田区神田神保町2-7
キロ程	5.6km（新宿起点）
駅構造	地下駅
ホーム	2面2線
乗降人数	263,449人

　昭和55（1980）年3月に開業した都営新宿線九段下駅には、昭和39（1964）年12月に開業した東京メトロ東西線九段下駅と、平成元（1989）年1月に開業した半蔵門線の九段下駅と3つの路線が乗り入れている。このうち新宿線と半蔵門線は併走しているが、これには都営地下鉄側が隣駅神保町駅までの区間トンネル工事を一括で引き受けた経緯がある。半蔵門線九段下駅はホームも同じ高さで配置されたが、運行会社が異なるため、当初、両線の間は壁で仕切られていた。しかし当時副知事だった猪瀬直樹氏の提案で、平成25（2013）年3月にこの壁を撤去。現在、新宿線と半蔵門線の九段下駅は改札口も共用し、中間改札なしで乗り換えが可能になった。

　新宿線九段下駅には「二松学舎大学前」の副名称がある。この大学の前身は、明治を代表する漢学者・三島中洲が創設した漢学塾。「東洋文化を学ぶことこそ、わが国本来の姿」という教えで、文教地帯・九段の地の基礎をつくった。夏目漱石もこの大学で学んでいる。

　また、隣駅神保町駅の副駅名は「専修大学前」。新宿線の九段下駅と神保町駅の距離は0.6kmと短いからか、周辺の環境が学生の街、というのも共通している。特に大学が集中している神保町は、パリのカルチェ・ラタンにちなんで「日本のカルチェ・ラタン」で知られる。地下を都営新宿線が走る靖国通り沿いには古書店が多い。神保町は、神田古本祭りや神保町ブックフェスティバルなど本に関するイベントを毎年行う、世界最大級の書店街である。出版社も多数所在している。

　周辺は学生やビジネスマン相手の安価で美味しい飲食店が目立つ。横道に入ると懐かしい喫茶店も残っている。裏路地文化の探訪も神保町ならではの楽しみだろう。九段下から神保町までは歩いても近いのでぶらぶら散歩する人が多い。

現在

昭和37年　神保町交差点付近
通りに面しているのは神田神保町1丁目の古書店街、手前は神田神保町交差点。後方は駿河台下。都電の停留場では大勢の人びとが待っている。

撮影：池田信

昭和戦前期

所蔵・生田 誠

神保町、すずらん通り
新しい街灯（スズラン灯）が並ぶ神田神保町、現在のスズラン通りの風景である。現在も続く本の街が復興し、学生や買い物客が集まっている。

現在

大村益次郎銅像
維新の十傑の一人、大村益次郎は長州征討と戊辰戦争で長州藩を勝利に導き、その後も兵部省で次官を務め、日本陸軍の創始者や陸軍建設の祖とも見なされ銅像が建てられた。

現在

靖国神社の中門鳥居
靖国神社の拝殿は明治34（1901）年竣工の建物で入母屋平入屋根銅板葺。前方にある中門鳥居は平成18年に建て替えられた素木鳥居。埼玉県の檜が用いられている。

古地図探訪

九段下・神保町付近

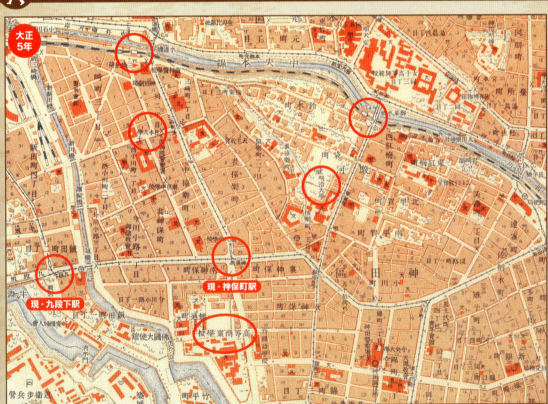

関東大震災前の九段下・神保町付近の地図であり、現在は都営地下鉄新宿線が走る靖国通りには市電の停留場が見える。神保町は、北側の靖国通り沿いは裏神保町と呼ばれ、本来の（表）神保町は南側のすずらん通り沿いの街であった。
また、白山通りの市電とともに、戦時中の不急線として撤去された市電が明大通りにも走っていたことがわかる。北側を走る中央線とともに、外堀通りにも市電の路線が見える。左側には、現在は廃止された飯田町駅（貨物駅）が存在していた。駿河台周辺は大学、学校の集まる街であり、明治大学、日本大学とともに東京中学校、順天中学校、（東京）高等商業学校などが存在していた。この高等商業学校は一橋大学の前身である。

Ogawamachi St. / Iwamotochō St.
小川町・岩本町

スポーツ用品やカレーの店が多い神田小川町
古着市場の名残りで繊維関係の店がある岩本町

【小川町駅】
開業年	昭和55(1980)年3月16日
所在地	千代田区神田小川町1-6
キロ程	6.5km（新宿起点）
駅構造	地下駅
ホーム	1面2線
乗降人数	68,012人

【岩本町駅】
開業年	昭和53(1978)年12月21日
所在地	千代田区神田岩本町1
キロ程	7.3km（新宿起点）
駅構造	地下駅
ホーム	2面3線
乗降人数	48,981人

　小川町駅は、東京メトロの千代田線と丸ノ内線に乗り換えが可能だが、千代田線は「新御茶ノ水駅」、丸ノ内線は「淡路町駅」と、それぞれ駅名が異なる。

　江戸時代にさかのぼると、この一帯は武家屋敷の並ぶ武家地で、神保町と東隣の小川町から北の駿河台までの広い地域が小川町と呼ばれていた。小川町の地名は、文字通り地域に川が流れていたことに由来する。

　幕府は18世紀半ばに蛮書和解御用という部局を設けて洋書の翻訳を始めた。そして、安政2(1855)年、洋楽所が神田小川町に置かれた。しかし洋楽所は、安政の大地震によって倒壊。その後、九段坂下に移され、名称が変わって蕃書調所となる。これは開成所の前身で、東京大学の源流の一つだ。現在、九段下駅の近くに蕃書調所跡の碑が建っている。

　地図を見ると小川町の地名は「神田小川町」になっている。これは戦後、麹町区と神田区が合併して千代田区が誕生したことによる、いわば後遺症だ。「町名に神田という冠称は使わない」という千代田区の方針で住居表示を実施したが、住民の「神田」の名へのこだわりは強く、千代田区には住居表示未実施地区がまだ多い。

　岩本町も、昭和通りを挟んで新町名の「岩本町」と旧町名の「神田岩本町」が向かい合っている。神田川を挟んで昭和通りの北にJR東日本、東京メトロ日比谷線・つくばエクスプレスの秋葉原駅があるが、岩本町駅の乗り換え駅としては直接つながっていない。

　小川町も岩本町も商業地域で、オフィスビルや商店が並んでいる。神保町とともに小川町にはスポーツ用品やカレーの店が目立つ。これは「学生の街」としての需要が多いからだ。岩本町はかつて大規模な古着市場があり、その名残りで繊維業関係の企業や店が散見される。

昭和38年

現在

撮影：池田 信

岩本町交差点
昭和通りと靖国通りが交わる岩本町交差点の南側から、国鉄秋葉原駅方向を望む風景である。東京オリンピック開催の前年であり、東京の各所で道路工事が行われていた。

岩本町の水飲み広場

岩本町交差点内にある石碑。当地は江戸時代に房総方面や東北方面からの物資の輸送の際、荷車を引く牛馬の水飲み場だったと記されている。

小川町交差点

靖国通りと本郷通りが交差する地点。過去には都電もたくさんの系統が交差点を賑わしていたが、現在は都営バスも通らなくなってしまった。

小川町交差点から神保町方面を望む

神田小川町の交差点から、靖国通りの神保町、九段方面を見た関東大震災後の風景である。神田橋方面へと行き交う2両の市電の姿が見える。

須田町交差点付近

関東大震災で受けた大きな被害から復興した須田町交差点。奥が万世橋駅付近で、交差する市電の背景には、ガードを渡る国電の姿が見える。

古地図探訪

小川町・岩本町付近

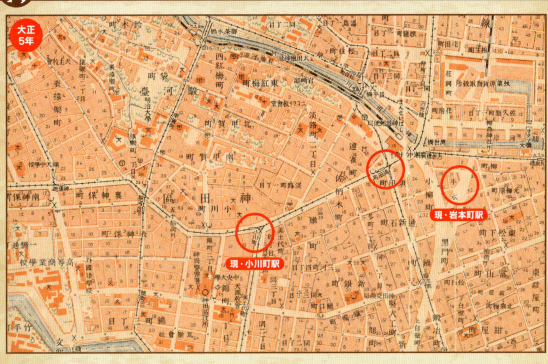

　この地図（大正7年）の特徴は、現在のJR山手・京浜東北線、中央・総武線が全通する前のものであり、旅客駅としての秋葉原駅、神田駅が存在していないことである。山手・京浜東北線は秋葉原貨物取扱所付近で途切れており、中央線の起終点は万世橋駅であった。また、総武線は隅田川の対岸の両国駅で、浅草橋、秋葉原駅へは延伸していなかった。そのため、中央通りが神田川を渡る万世橋と万世橋駅前、その手前の須田町交差点が市電、国電の乗り換えの要地で、須田町には5方面から市電が集まっていた。また、現在は都営地下鉄新宿線の小川町駅などがある小川町交差点付近でも、市電は分岐していた。また、この時期は御茶ノ水橋から駿河台下までの明大通りにも市電が走っていた。

Bakuroyokoyama St. / Hamachō St.
馬喰横山・浜町

馬喰横山駅周辺は、馬にまつわる話題が多い
浜町公園の下にある浜町駅は明治座の最寄り駅

【馬喰横山駅】

開業年	昭和53（1978）年12月21日
所在地	中央区日本橋横山町4-13
キロ程	8.1km（新宿起点）
駅構造	地下駅
ホーム	2面2線
乗降人数	110,016人

【浜町駅】

開業年	昭和53（1978）年12月21日
所在地	中央区日本橋浜町2-59-3
キロ程	8.7km（新宿起点）
駅構造	地下駅
ホーム	1面2線
乗降人数	21,395人

　昭和53（1978）年に開業した都営新宿線の馬喰横山駅は、日本橋馬喰町と日本橋横山町の間に位置していることから、双方の名前を合成した駅名となった。この駅はひと足先の昭和47（1972）年開業のJR総武快速線「馬喰町駅」と、昭和37（1962）年に開業していた都営浅草線「東日本橋駅」の乗り換え駅になっている。

　日本橋は五街道の起点で、日本橋馬喰町隣りの大伝馬町は徳川家御用達の道中伝馬役の人馬を供給した場所。また小伝馬町は徳川家臣のための供給地だった。馬喰とは幕府と幕臣の使う馬を供給する業者のことで、一帯には馬にまつわる話題が多い。馬喰横山駅には馬のブロンズ像と馬車が描かれたタイル画が展示されている。

　日本橋横山町の由来は不明とされているが、永禄2（1559）年、この地に横山という村落が形成されていたという。横山町問屋街である横山町大通りは、日本橋から始まる五街道のうちの奥州街道で、江戸時代からの主要な道だった。現在もそこを中心に一大繊維問屋街が広がっている。馬喰横山駅周辺も繊維問屋などが多い。

　浜町公園の下になる浜町駅は、副駅名が「明治座前」になっていることでもわかるように明治座の最寄り駅。浜町公園は、熊本藩主細川家の屋敷跡で、公園内には日蓮の清正公寺がある。この寺では細川家が江戸初期に熊本を領有していた加藤清正を祀っている。浜町公園の横にある明治座は、明治6（1873）年からの伝統を持つ劇場で、初めて電灯を使った劇場としても知られる。

　江戸時代、江戸湾沿いに埋立地が多くあり、まだ海浜の面影を残していたところから「浜町」と呼ばれるようになったそうだ。明治座近くの久松町に住んでいたという、国学者の賀茂真淵の居住跡が久松町交差点付近に残されている。

昭和32年　横山町の繊維問屋街
両脇に繊維関係の店がずらりと並ぶ横山町大通りは、日本橋から始まる五街道のうちの奥州街道だった。写真は日曜日に撮影されたため人通りが少ない。

現在

提供：朝日新聞社

馬喰横山駅改札
都営浅草線東日本橋駅、JR総武快速線馬喰町駅と乗り換え連絡駅となっている馬喰横山。浅草線を利用すれば羽田と成田の両空港へ乗り換えなく行くことが可能。

浜町公園
江戸時代は熊本藩主・細川氏の下屋敷、明治以降も細川家の邸宅があったが公園として整備された。

明治座稲荷神社
明治座のビルの脇、浜町公園寄りに小さな神社が鎮座している。これは笠間出世稲荷神社明治座分社で、公演の成功を祈って出演者やファンが参拝するという。

明治座
平成5年、地上18階、地下2階のオフィスビル浜町センタービルと一体化した明治座。ビルの低層階が明治座で、赤い扉はその玄関。防災・防火の設備が充実した最新鋭の劇場だ。

古地図探訪　馬喰横山・浜町付近

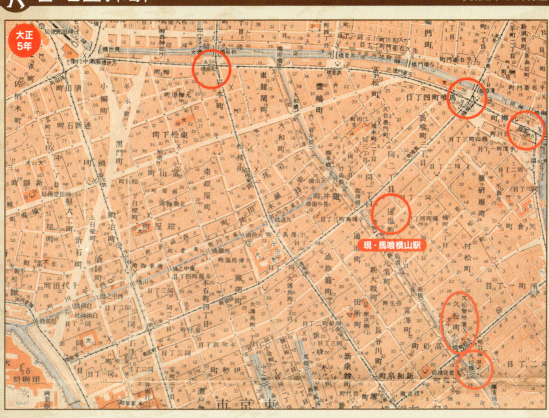

　この地図では、国鉄の路線を見ることはできないが、現在は地上に山手線・京浜東北線、地下には総武線が通っている。神田川に架かる和泉橋の南側では、2路線の市電（都電）が交差し、現在はここに都営新宿線の岩本町駅が置かれている。この東側の柳原橋付近から分かれて南東に向かう浜町川は現在、埋められて姿を消し、大和橋、小川橋、久松橋などは姿を消している。付近に明治座、久松警察署のあった小川橋の上には市電が走り、浜町方面に延びていた。この浜町には現在、都営地下鉄新宿線の駅がある。神田川の下流には、浅草橋、柳橋が架かり、浅草橋でも2路線の市電が交差していた。浅草橋停留場の東側には、両国停留場が存在していた。

森下・菊川

Morishita St. / Kikukawa St.

深川発祥で有名な深川神明宮と芭蕉ゆかりの地
菊川駅周辺は、「菊」の名前が付いた橋が多い

【森下駅】
開業年	昭和53(1978)年12月21日
所在地	江東区森下1-13-10
キロ程	9.5km（新宿起点）
駅構造	地下駅
ホーム	1面2線
乗降人数	73,006人

【菊川駅】
開業年	昭和53(1978)年12月21日
所在地	墨田区菊川3-16-2
キロ程	10.3km（新宿起点）
駅構造	地下駅
ホーム	1面2線
乗降人数	23,734人

　森下駅には、同じ都営の大江戸線が乗り入れている。新宿線ホームは新大橋通りの下、大江戸線のホームは清澄通りの地下。地上にある2つの通りの交差点付近に両駅がある。大江戸線の乗り換え駅となったことで急行停車駅となり、利便性が高まった。

　両国に近いので相撲部屋が多いこの地域は、深川エリアの中で最も早い時期から開発が始まった土地。駅の南側には、深川の地名にゆかりのある深川神明宮がある。

　この神社は、摂津国（大阪府）から移住し、葦の茂る三角州地帯だったこの地を開拓した深川八郎右衛門が伊勢神宮の分霊を勧請して祀ったもの。深川発祥の地としても有名だ。慶長元年（1596）、関東入府後にこの地を視察した徳川家康が、深川の姓から地名を付けたという。深川氏の菩提寺である泉養寺（千葉県市川市国府台）には今も墓所が残っている。また、多くの浮世絵に登場する萬年橋付近には松尾芭蕉が住んだ芭蕉庵があった。現在も芭蕉記念館や芭蕉庵史跡展望庭園があり、区内には他にも芭蕉ゆかりの地が点在する。

　隣りの「菊川駅」は、この地に流れていた川の名が菊川で、駅名はこれに由来する。新大橋通りと三ッ目通りの交差点付近に駅は設置された。近くの大横川に架かる橋には菊川橋・菊柳橋、交差している竪川には菊花橋と「菊」の名がついている橋が多い。森下駅と菊川駅の中間に当たる（どちらも徒歩8分）深川文化センターの中には、幼年期から青年期までを江東区で過ごしたという漫画家・田河水泡の遺品や作品が集められた「田河水泡・のらくろ館」がある。下町情緒豊かな深川地区は散策する地として人気が高く、平日でも人通りが絶えない。

昭和54年

森下、菊川地区の空撮
江東区白河3丁目近くの上空から撮った江東区の街並み。江東区森下3～5丁目、墨田区菊川1～3丁目、立川2～4丁目周辺を広範囲に撮影。中央に走る道路は三ッ目通り。手前に流れるのは小名木川だ。

提供：朝日新聞社

深川、高橋付近の清澄通り

小名木川が流れる現在の江東区高橋付近の風景である。清澄通りを走る多数の自転車とともに市電の姿があり、停留場で市電を待つ人々もいる。

菊川駅前バス停

この都営バス錦11系統(錦糸町～菊川～築地)のルーツは都電36系統である。城東地区においてはどちらかというと地味な路線であった。

高橋本通り商店街

清澄通りと交差する高橋本通りの商店街。戦後は目覚ましい復興をとげたが、かつては簡易宿泊所もある街だった。

古地図探訪

森下・菊川付近

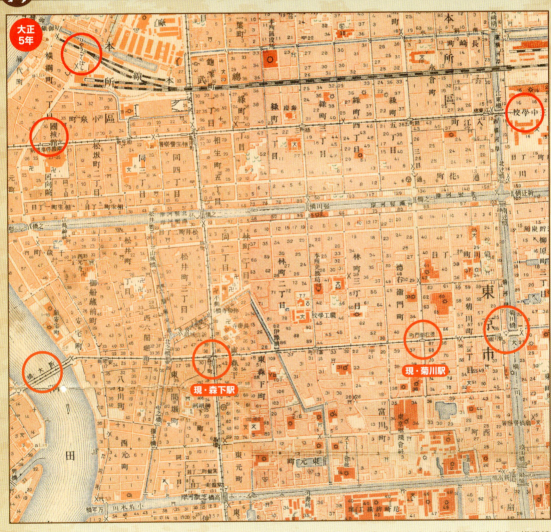

隅田川を渡って現在の墨田・江東区に延びる2本の市電(都電)路線が見えるが、この当時は千葉方面に向かう、総武線の東京側の起終点は両国駅であり、隅田川を渡る線路は生まれていなかった。両国駅の南側には、初代の両国国技館が存在していた。隅田川に架かる新大橋はあるものの、清洲橋はまだ架橋されていない。新大橋を渡った市電が走る森下町の交差点には現在、都営地下鉄新宿線の森下駅が置かれている。さらに東側、大横川のたもとにある菊川橋まで、市電の路線は延びており、現在はこの付近に都営地下鉄の菊川駅がある。市電はこの先の菊川橋を渡った、西大島方面へは至っていなかった。地図の右上に見える府立第三中学校は、芥川龍之介らが通った現在の都立両国高校である。

Sumiyoshi St. / Nishi-ōjima St.
住吉・西大島

住吉駅は、猿江恩賜公園の最寄り駅
西大島駅周辺は都電や貨物列車ファンの聖地

【住吉駅】

開業年	昭和53（1978）年12月21日
所在地	江東区住吉23-12
キロ程	11.2km（新宿起点）
駅構造	地下駅
ホーム	2面2線
乗降人数	41,244人

【西大島駅】

開業年	昭和53（1978）年12月21日
所在地	江東区大島2-41-19
キロ程	12.2km（新宿起点）
駅構造	地下駅
ホーム	1面2線
乗降人数	26,632人

　東京メトロの半蔵門線が乗り入れる住吉駅は、近くに都立の猿江恩賜公園があることで知られる。「住吉」の地名は、昭和9（1934）年に町が新設される際、縁起の良い「吉」の字を採用して名付けられた。

　駅から徒歩2分の猿江恩賜公園は、享保年間（1716～1736）に幕府がつくった貯木場の跡地。その後、明治政府御用達の貯木場となり、大正13（1924）年に昭和天皇の成婚を記念して、現在の南園部分が東京市に下賜され公園になった。昭和58（1983）年には北園も追加され全面開園された。江戸幕府材木蔵の由来を記した碑が建つ園内には、スポーツ施設のほか、江東区の芸術文化の発信地・ティアラこうとうもある。また住吉駅周辺では、江戸初期に開削された小名木川に架かる扇橋閘門が「ミニパナマ運河」として有名。観光船でこの閘門を通って江東内部河川を周遊するツアーが開催されている。

　すぐ隣りの西大島駅は都電や貨物列車ファンの聖地。駅からすぐの大島緑道公園は、都電の専用軌道跡を遊歩道の整備した公園だ。昭和47（1972）年に都電が廃止され、29系統と38系統の専用軌道が遊歩道になった。またこの公園と首都高速が交差するところにある竪川人道は、都電が竪川を渡っていた頃の専用橋跡を転用、整備したものだ。都電のレールや車輪が展示され、橋の欄干には都電のレリーフが。西大島駅から南へ15分の北砂2丁目アパート入口には貨物列車の車輪が展示されている。付近の小名木川駅という越中島貨物線の貨物ターミナルを偲ぶモニュメントだ。明治通りの南砂三丁目交差点付近の緑道も都電が走っていた専用軌道跡で、車輪のモニュメントがある。緑道の上には、越中島貨物線のガードレールが架かり、平日を中心に、DE10形ディーゼル機関車に牽引されたレール輸送列車が走っている。

昭和31年

東京営林署の貯木場
江東区毛利2丁目にあった東京営林署貯木場。たくさんの材木が整然と管理されている様子がわかる。

提供：朝日新聞社

大島緑道公園

昭和47年に全面廃止となった都電砂町線の一部区間（竪川人道橋から新大橋通りを経て、明治通りに合流するまでの間）が「大島緑道公園」として整備されている。春は桜の名所としても知られる。

猿江恩賜公園

大正13年に昭和天皇の成婚を記念して、現在の南側地区が明治政府より東京市に下賜され、昭和7年に旧猿江恩賜公園として開園。北側地区は昭和21年の計画決定から38年を経て、昭和58年に全園開園。

住吉二丁目交差点付近

36番系統の都電が錦糸町から四ツ目通りを南下し、住吉二丁目交差点を右折して新大橋通りに入り、終点の築地に向かっていく。

古地図探訪　住吉・西大島付近

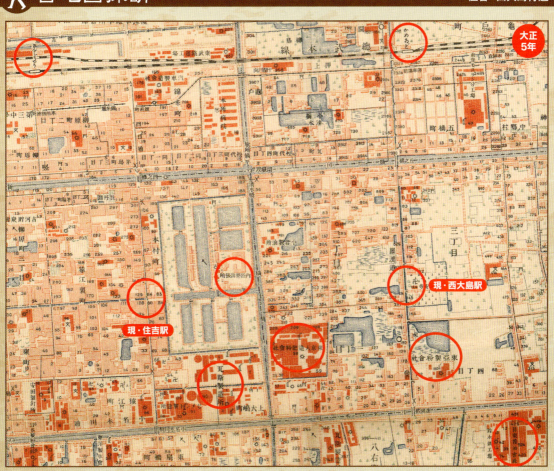

東西に竪川、小名木川、南北に横十間川が流れ、宮内省内匠寮出張所の貯木池などが目立つ住吉、西大島周辺の地図である。内匠寮出張所（貯木池）は現在、猿江恩賜公園に変わり、江東公会堂などが建てられている。この猿江恩賜公園の中央を都営地下鉄新宿線が通る新大橋通りが横切り、公園の西側には住吉駅が存在する。東京メトロ半蔵門線は住吉駅の南側から、北上する形で、錦糸町駅に向かっていく。地図の上側には、国鉄総武線の錦糸町駅、亀戸駅が存在し、東武鉄道工場、汽車製造会社工場があった。この付近には、後に市電（都電）に変わる城東電気軌道も東西に走っていた。一方、下側には東京人造肥料会社、東亜製粉会社、瓦斯製造所、日東醤油会社などの工場が点在している。

Ōjima St.
大島
おお じま

江戸時代から大島は
濁音で「おおじま」
駅そばの歴史ある下町の台所商店街が有名

【大島駅】	
開業年	昭和53(1978)年12月21日
所在地	江東区大島5-10-8
キロ程	12.9km(新宿起点)
駅構造	地下駅
ホーム	2面3線
乗降人数	30,032人

　大島は「おおじま」と濁音で読む。これには歴史があり、弘化4(1847)年改版の江戸町鑑に「大ジマ」と濁音で呼ぶよう強調されている。深川猟師町の一つであった大島と区別したようだ。昭和40(1965)年の住居表示制度実施時にも「おおじま」と読むよう決められた。

　地名の由来は、正保年間(1645～1648)頃に、江戸湾岸の低湿地を開発して村が造られ、当時比較的大きな島であったので、この地名がつけられたとされる。

　現在は、マンションやアパートが密集する下町そのものの活気に満ちた街だ。大島駅の東側には、マスコミにもたびたび取り上げられている歴史ある商店街が北に伸びている。300mの通り沿いに約100店舗が軒を連ね、青果・鮮魚・惣菜などの店舗がひしめき合う様は、まさに「下町の台所」。午後3時から午後8時までは歩行者天国となり、買い物客でいっそう賑わう。

　駅から徒歩5分のところには大島稲荷神社が。五穀豊穣の神を祀る神社で大島神社とも呼ばれる。境内には、松尾芭蕉の句が書かれた江東区登録文化財の碑「女木塚(おなぎづか)碑」が建つほか、芭蕉像や小林一茶の句碑などもある。

公団大島4丁目～6丁目団地

江東区に巨大な住宅地が出来て大きな話題となったのが大島4丁目～6丁目の団地群だ。これにより江東区は一気に人口が増えた。すぐ横を首都高速7号小松川線が走っている。

昭和47年

提供：朝日新聞社

古地図探訪

大島付近

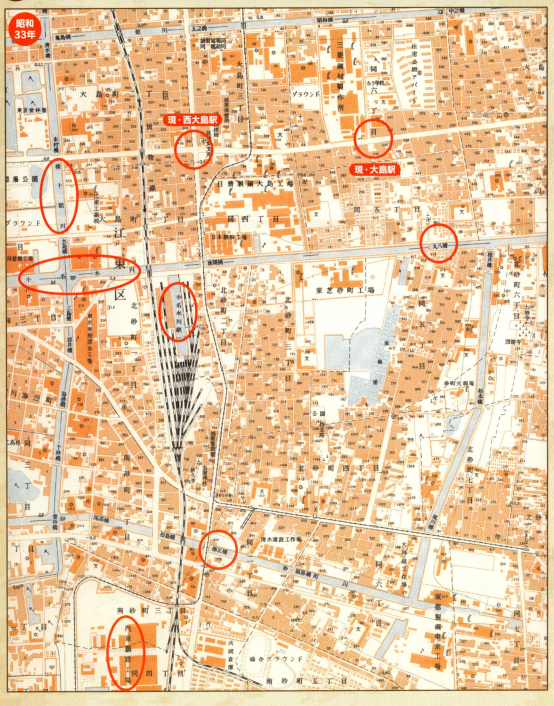

国鉄の貨物線が南北に走り、小名木川駅が置かれている。この小名木川駅の跡地は現在、アリオ北砂などに変わっている。この駅の北側には、小名木川を流れ、進開橋、丸八橋などが架かっている。丸八橋が架かる丸八通りはまだ、開通していない。一方、小名木川駅の東側を走る明治通りには、都電が走っている。この路線は、城東電気軌道が開通させた砂町線を受け継いだものである。この地区は、北側の小名木川とともに、西側は横十間川、南側は砂町運河（砂川）、東側は境川に囲まれる形であった。砂町運河に架かる弾正橋は、もともとは城東電気軌道が架橋した橋で、後に道路橋となっていた。地下鉄東西線は、小名木川の北側を走る新大橋通りの下を走っている。

Higashi-ōjima St.
東大島
ひがし おお じま

旧中川にまたがる全国でも珍しい河川橋上駅
近くの大島小松川公園下には大島車両検修所が

【東大島駅】	
開業年	昭和53（1978）年12月21日
所在地	江東区大島9−3−14
キロ程	14.1km（新宿起点）
駅構造	高架駅（橋梁上）
ホーム	2面2線
乗降人数	31,259人

　大島駅を出た電車は上り勾配で地上に出て、東大島駅に着く。この東大島駅は、江東区と江戸川区の区境となる旧中川にまたがる河川橋上駅。全国でも珍しい駅として平成12(2000)年に関東の駅百選に定められている。

　東京の都市部を走る都営地下鉄は、都立公園の地下に車両基地があるが、近くの大島小松川公園は新宿線の大島車両検修所。地上1階と地下1階の2層構造で、江東区と江戸川区にまたがる大島小松川公園の江東区側に建設された。隣駅の大島駅から線路が分かれてこの車両検修所へ入るようになっている。大島小松川公園は旧中川の左右に設けられ、さくら大橋ともみじ大橋という2本の橋で行き来できる、芝生の広場とスポーツ広場が主体の公園だ。荒川河川敷とも接続しているので、ジョギングコースとしても活用されている。また災害時の防災拠点にもなるよう、物資の備蓄倉庫と防災設備もある。

　旧中川と小名木川が合流する辺りには中川船番所があった。当時を再現した中川船番所資料館が同じ場所に設置されている。中川船番所というのは江戸へ出入りする船が運ぶ人や物資を検査した関所で、寛文元(1661)年に中川に移転したと伝わる。資料館では関東や江戸の水運、江東区の歴史・文化がわかる資料を展示している。東大島の鎮守・東大島神社も、東大島駅大島口から徒歩5分のところにある。この神社は東京大空襲で社殿も社史も焼失したが、街並みの復興とともに再建の声があがり、昭和27(1952)年に五社を合併して現在の場所に建立された。

昭和53年　／　現在

開業当時の東大島駅
昭和53年12月に開業した東大島駅は、旧中川の真上につくられた河川橋上駅。当時は都営新宿線の終点で、その後、船堀までの延伸工事が始まる。

提供：朝日新聞社

東大島駅建設風景 昭和52年
旧中川の真上にホームが設置された東大島駅。駅の出入口は両端にあり江東区側は大島口、江戸川区側は小松川口とされている。

東大島駅、江東区側の風景 現在
こちらからは都営バスが多方面に発着している。主な行先は門前仲町、東陽町、亀戸、浅草寿町、錦糸町などである。

古地図探訪　東大島付近

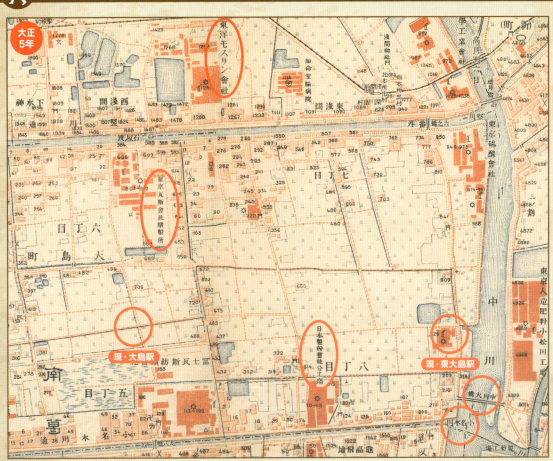

東側に中川の流れがあり、江戸時代に舟運のために開削された堅川、小名木川が流れている。地図の上側には、国鉄総武線の線路の一部が見え、その下を市電（都電）に変わる前の城東電気軌道が走っている。この城東電軌の路線は、大正6（1917）年に開業した小松川線で、途中の水神森から分かれる砂町線はまだ開通していない。中央上には東京モスリン会社があり、モスリン前の停留場が置かれていた。一方、下側には田畑が広がり、舟運の利用ができる小名木川沿いには、日本精糖会社、帝国製粉会社、日本製粉会社など多くの工場が存在している。当時のこのあたりは、江東区の前身にあたる東京府南葛飾郡の大島町であった。

Funabori St.

船堀
ふなぼり

新川がかつて船堀川と呼ばれたのが地名の由来
ランドマークの「タワーホール船堀」が人気

【船堀駅】

開業年	昭和58(1983)年12月23日
所在地	江戸川区船堀3-6-1
キロ程	15.8km（新宿起点）
駅構造	高架駅
ホーム	2面2線
乗降人数	60,140人

　船堀駅の名称は、駅の南を東西に流れる新川がかつて船堀川と呼ばれたことに由来する。この川は、徳川家康の入府とともに、行徳の塩を江戸に運ぶ塩の道として舟運に利用された。川沿いには味噌や醤油を売る店や料理店などが建ち並んで賑わったという。

　現在、船堀駅のランドマークは、船堀駅前にそびえる地上115mの展望台がある「タワーホール船堀」だ。平成11(1999)年3月のオープン以来、江戸川区のシンボルになっている。展望台西側には、平成24(2012)年5月に開業した東京スカイツリーが見える。そして荒川にこの鉄橋を渡る新宿線の電車、足元に視線を移すと船堀駅へと滑り込む姿も見られる。首都高速中央環状線や東京タワー、快晴なら都心のビル街の先に富士山も見える。北側は、荒川を渡るJR総武線や京成電鉄、北千住の街並みなどが見えるほか、東京湾から続く関東平野が見渡せる。また、南側は、東京ディズニーランドリゾートや京葉臨海工業地帯などが一望でき、荒川を渡る東京メトロ東西線の電車が小さく見える。展望の良さだけでなく、映画館や商業施設も設置されていて楽しめる。

　駅名の由来となった新川沿いには、魚や昆虫、水生植物が生息する一之江境界親水公園（徒歩10分）があるが、この公園は次駅の一之江駅からも近い。

昭和60年　船堀付近の空撮
昭和58年に開業した船堀駅を中心に、集合住宅が建ち始めていた頃の船堀付近である。船堀駅から先、一之江方向では延伸工事が進められていた。中央を走る道路は、船堀街道である。

提供：©江戸川区

昭和58年

船堀駅前
都営バスの旧・江戸川営業所が船堀駅前にあった。当時から船堀など江戸川区の西側は主に都営バスのテリトリーであり、東側の瑞江、篠崎は京成バスが大勢を占めている。
提供◎江戸川区

現在

タワーホール船堀
地上115mのタワーホール船堀は、水辺都市・江戸川区にちなみ「区民の乗合船」をコンセプトに造られた複合施設。特に映画・展望・食事などのアミューズメント機能が人気。

歴史ある天然温泉が自慢の「船堀の温泉銭湯」

わざわざ遠方の温泉地に出掛けなくても、東京にもたくさんの温泉や銭湯がある。中でも江戸川区は都内でも個性的な銭湯が多い地域。どこもお風呂が大好きな江戸っ子の社交場になっている。船堀駅から徒歩5分のあけぼの湯は、安永2（1774）年創業で、20代続いた東京最古の温泉だ。東京大空襲で焼失したりしたが、現在はビルにして1階と2階に浴場がある。経営が同じ系列の乙女湯は、駅から徒歩11分と少し遠いが、こちらもレトロな銭湯とは雰囲気が違い、近代的な建物になっている。乙女湯はジャグジー風呂の種類が豊富。駅から6分の「鶴の湯」も創業は江戸時代にまでさかのぼり老舗銭湯だ。平成14年にリニューアルされて現代風に様変わりしているが、破風の屋根を残しているので歴史を感じさせる。下駄箱も懐かしい木の札の松竹錠だ。

古地図探訪

船堀付近

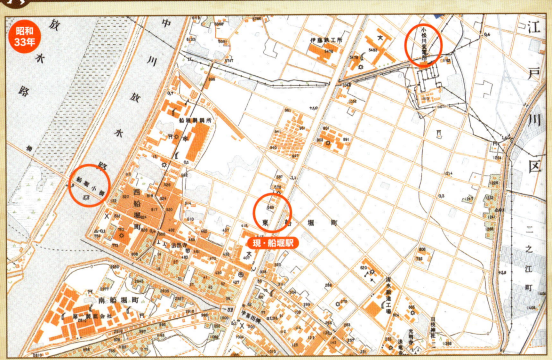

昭和33年

中川放水路に架かる船堀小橋が見え、荒川放水路には船堀橋が架かっている。新大橋通りが通るこの橋の南側の地下を現在、都営地下鉄新宿線が走っており、船堀街道との交差点に船堀駅が置かれている。都営新宿線は北東に進み、新大橋通りを越えて、一之江方面に進む。

江戸川放水路沿いには、船堀製鋼所、第一製薬会社などの工場が見える。現在はこの付近に、ボートレースの江戸川競艇場が存在する。地図の下側、新川に架かる宇喜田橋の北側に見える「文」の地図記号は、江戸川区立船堀小学校である。右上に見える小松川変電所は、現在も存在している。

城東電気軌道・トロリーバス

トロリーバスの登場で廃止された城東電車

「城東電車」とは、かつて城東電気軌道(株)が経営していた路面電車のことをいう。明治44(1911)年3月に当時の本所区錦糸町と瑞江村大字上今井間に敷設の許可がおり、大正6(1917)年12月、第1期線として小松川線(錦糸堀～小松川)が開通した。4年後の大正10年(1921)1月には水神森～大島間が開通、そして同14(1925)年12月に江戸川線(東荒川～今井間)が出来た。翌年の3月に小松川線は西荒川まで延長されている。江戸川区内の停留場は、新町→小松川→西荒川、東荒川→中庭→松江→一之江→瑞江→今井で、その後、松江・一之江間に西一之江が新設されたが、昭和17(1942)年に城東電車は東京市の経営になり「市電」と呼ばれる。錦糸堀～西荒川は系統38番、東荒川～今井間は系統4番で、さらに翌年の都制施行で「都電」となった。

また、錦糸堀～西荒川間は日比谷まで延長され系統25番になる。一方、系統26番となった東荒川～今井間は、昭和27(1952)年に都内初のトロリーバス(101系統)が開通したことにより、廃止された。

区内唯一の都電、西荒川～日比谷公園(25系統)は、昭和43年3月31日に西荒川～須田町に短縮され、同年9月29日トロリーバスとともに廃止された。

現在、松江公園(松江7丁目)と一之江境川親水公園内(今井街道のそば)に軌道跡のモニュメントが存在する。

期待されて、一時代を担ったトロリーバス

城東電車に代わって登場したトロリーバスも、新時代の交通機関として期待されたものの、大型バスの出現で採算が合わず、最終的には東京都交通局の財政再建計画により都電と共に地下鉄・バスへの置き換えが決まり、開業から16年後の昭和43(1968)年に全廃となった。

トロリーバスは、バッテリー(蓄電池)ではなく、直接架線から電気をとる電気自動車で、線路が必要な路面電車の欠点を補いながら、大量輸送できる乗り物としてドイツで開発された。建設費が路面電車より安く、振動が少ないので騒音もなく、営業運行に必要な速度を出すことができたのが大きなメリットだった。

そして東京都で最初のトロリーバスとして、昭和27(1952)年5月、江戸川区今井から亀戸駅経由で上野公園に至る、約15.5kmの路線が営業開始された。それまで亀戸と今井間は荒川放水路で分断され、バスの代替が必要だった。しかし、トロリーバスは荒川放水路に架かる小松川橋を直接渡れたので分断が解消され、地域住民にとっては大変便利な乗り物だった。江戸川区内の停留所は、今井→瑞江→一之江三丁目→一之江→西一之江→西一之江一丁目→松江→東小松川→小松橋→小松川通で、開業当時の乗車料金は15円だった。時代が進歩し、東京の地下を走り回る地下鉄の便利さを享受する一方で、城東電車やトロリーバスのような懐かしい時代の乗り物を忘れがたい人は少なくない。

東荒川停留場
停車しているの400形は、関東大震災後に製造された東京市電で最後の2軸単車。天現寺線や中目黒線で使用された後、城東電気軌道に。戦後は引き続き都電26系統(一之江線)を走った。
提供:江戸川区郷土資料室

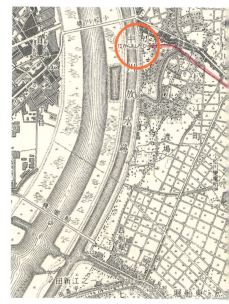

トロリーバス101系統（昭和43年）
今井〜上野公園間を結んだ101系統。東京ではトロリーバス4本の路線が運行されたが101系統で始まり101系統で終わりを告げた。

提供：江戸川区郷土資料室

トロリーバス転回場（昭和43年）
バスの方向を転回するため広い用地が設けられている。トロリーバスは無軌条電車と呼ばれるが線路ではなくゴムタイヤで道路を走り、屋根上のポールで道路上に張られた架線から取った電気を動力とする乗り物である。

提供：江戸川区郷土資料室

昭和5年測量の陸軍陸地測量部作成の地形図。城東電気軌道の全線（今井〜東荒川間）が描かれている。

今井車庫（昭和43年）
トロリーバス廃止後に運行された代替バス601系統がナンバープレートを付けている。現在、今井発の都営バスは上野公園までの路線は廃止され亀戸駅行きの1系統のみが運行されている。

提供：江戸川区郷土資料室

Ichinoe St.
一之江
いちのえ

今井児童交通公園と鯉がシンボルの一之江
特色のある公園「一之江抹香亭」も見どころ

【一之江駅】	
開業年	昭和61（1986）年9月14日
所在地	江戸川区一之江8－14－1
キロ程	17.5km（新宿起点）
駅構造	地下駅
ホーム	1面2線
乗降人数	40,927人

現在の一之江駅

　都営地下鉄の駅構内にはスタンプコーナーがあり、いわゆる"押し鉄"と呼ばれる駅スタンプコレクターが時々うれしそうにスタンプを押している。スタンプの絵にはその駅周辺のスポットなどがデザインされており、散策の目安にもなって便利だ。東京交通局では軌間限定のスタンプラリーなどを開催。沿線の活性化を図っている。都営新宿線の江戸川区内各駅にも駅のシンボルが設置されているが、一之江駅は「今井児童交通公園と鯉」である。江戸川区は子育てしやすい街として定評があるが、駅に近い「今井児童交通公園」は、遊びながら交通道徳を身につけることを目的に造られた公園という。また、「鯉」は、この地域で鯉や金魚の養殖が盛んに行われているからだ。近くの一之江境川親水公園（全長3.2km）では、区民からの「自然に近い水辺を」という要望に応えて、魚や昆虫、水生植物が生息できるように、新中川の自然水を流している。

　環七道路を葛飾区方面へ北上し、首都高速と交わるところから一之江境川親水公園沿いを下流に20分ほど歩くと、特色のある公園「一之江抹香亭」がある。もともと旧東一之江村の旧家で、家号の通り、江戸時代から抹香作りをしてきた家だ。現在は、一之江の歴史を後世に伝えたいと庭園も開放し、江戸園芸植物の展示やお香づくりの体験教室など多彩なイベントを開催。古き佳き時代の江戸文化を広めている。

昭和60年　一之江付近の空撮

環七通りが走る一之江付近の空撮で、手前に見える学校は都立葛西工業高校である。一之江駅は中央やや右側、環七通り付近に置かれることになる。新中川沿いには、一之江緑地が存在している。

提供©江戸川区

昭和40年

金魚の競り

江戸川区では明治の末から金魚の養殖が盛んで、「江戸川琉金」などのブランド金魚を産出してきた。現在も仲買業者による競りが行われている。

現在

新中川の今井水門

昭和38年、新中川と旧江戸川の合流地点に設置された防潮水門。江戸川・葛飾・足立区の低地帯を高潮や津波から守る役割を担う。都内で最大級の水門で有効幅員14.5mのゲートが7つも並ぶ。

現在

環七シャトルセブン

京成バスが運行する人気の路線バス。総武線の小岩駅、常磐線の亀有駅から一之江駅、葛西駅を経由し葛西臨海公園駅と東京ディズニーランド・東京ディズニーシーを結ぶ。

昭和61年

一之江駅

駅ビル西側バスターミナルからの風景。開業時であるためコンクリートの白さが目立つ。現在は都営バスに加え京成バスと京成タウンバスが乗り入れている。

古地図探訪　一之江付近

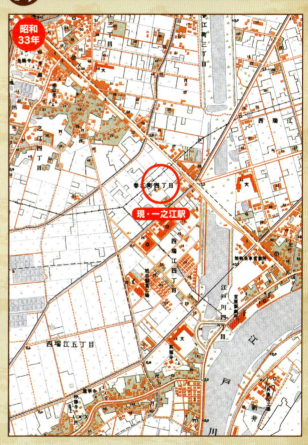

昭和33年

現・一之江駅

　新中川が流れる、江戸川区一之江付近の地図である。この新中川は下流で江戸川に合流している。新中川に架かる橋は瑞江大橋であり、現在はこの下流に新今井橋が架橋されている。この地図には見えないが、その先の江戸川には今井橋があり、都営トロリーバスの終点となっていた。現在は一之江駅を通る都営地下鉄新宿線が、瑞江大橋の上流で新中川を越え、北東の瑞江駅方面へ延びている。この地図では、春江町、西瑞江の地名が見えるが、現在は一之江の地名が使用されている。この当時もかなり複雑に道路が交わっている一之江付近だが、現在は京葉道路、首都高速7号小松川線が東西に走り、南北に走る環七通りと交差している。

瑞江
Mizue St.
みずえ

住居表示が変わり、
町域の歴史が新しい瑞江
西瑞江2丁目には役者寺と呼ばれる大運寺が

【瑞江駅】

開業年	昭和61（1986）年9月14日
所在地	江戸川区瑞江2-2-1
キロ程	19.2km（新宿起点）
駅構造	地下駅
ホーム	1面2線　別に通過線2本
乗降人数	54,764人

　瑞江駅の「瑞江」は駅周辺の地名で、大正2（1913）年から昭和7（1932）年まで存在した東京府の瑞江村に由来する。明治22（1889）年に周辺の村落が一つにまとまり、水田地帯であることから「瑞穂村」と命名されたが、その後、大正2年に一之江村と合併し、両村から一字ずつとって「瑞江村」となったという。

　瑞江の町名の歴史としては新しい。隣接する東瑞江、西瑞江は、東京市時代の昭和13（1938）にすでに成立していた町名であるが、瑞江は、1丁目から3丁目までのすべてが現在の町域になったのは平成16年（2004）年。住居表示実施前の町名は西瑞江1・2丁目及び下鎌田町だった。その後の区画整理で、平成26（2014）年11月に西瑞江2丁目北部が瑞江4丁目になっている。

　西瑞江2丁目には、江戸川区指定史跡の「大運寺・歌舞伎役者墓碑群」がある。市村羽左衛門累代墓、三代坂東彦三郎家墓、初代尾上菊五郎供養碑、中村勘三郎累代墓など、江戸時代から明治にかけての歌舞伎役者の墓石や墓碑が墓地にまとまっているのだ。この寺は元和6（1620）年に浅草森田町に建立され、寛文8（1668）年、江戸の大火によって本所押上に移転。大正14（1925）年に現在地に移された。

　瑞江1丁目と隣接する春江町2丁目に一之江名主屋敷が公開されている。この屋敷は、江戸時代の初めにこの地で新田を開いた田島家の旧宅。現在の主屋は安永年間（1772年～1780年）の再建だが、屋敷林や堀をめぐらした屋敷構えは、創建当初の様子をそのまま伝えている。

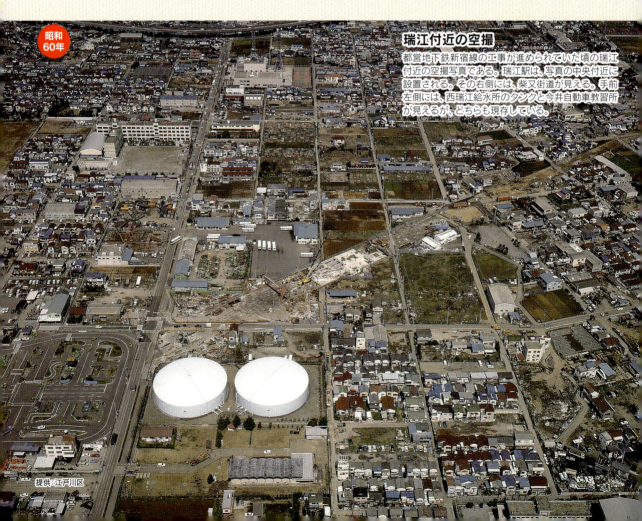

昭和60年

瑞江付近の空撮
都営地下鉄新宿線の工事が進められていた頃の瑞江付近の空撮写真である。瑞江駅は、写真の中央付近に設置される。その右側には、柴又街道が見える。手前左側には、西瑞江給水所のタンクと今井自動車教習所が見えるが、どちらも現存している。

提供：江戸川区

瑞江駅
建設時の仮称は「西瑞江駅」であった現在の瑞江駅。当駅では急行列車の待避を頻繁に行っている。

瑞江駅
瑞江駅開業時の光景であり現在と比べ大きな変化はない。多くの路線バスが発着しているが、開業時から全て京成バスであり、都営バスは全く乗り入れたことはない。

瑞江駅前
陸の孤島であった瑞江地区に駅が開業した。東京オリンピック時の江戸川区内の鉄道駅は総武線の平井と小岩、京成線の京成小岩と江戸川の4駅だけだった。

名主屋敷
一之江名主屋敷は、江戸時代のはじめにこの地で新田を開いた田島家の屋敷。主屋の茅葺き曲り家造りが有名。

古地図探訪
瑞江付近

旧江戸川が流れ、今井橋が架かる瑞江付近の地図である。今井橋から北東に延びる道路は篠崎街道であり、旧江戸川沿いを走る都道450号と合流する北側では都道451号となり、柴又方面に進んでゆく。また、現在は篠崎ポンプ場がある江戸川沿いの地点から北西に進み、現在の瑞江駅付近を通るのが柴又街道である。2つの街道は、柴又付近で並行して走ることになる。都営地下鉄新宿線が通り、瑞江駅が置かれている付近は、この当時は田圃であり、目立った建物は見えない。位置の目印となるのは西瑞江三丁目の大雲寺、瑞江葬儀場であり、現在は東側に昭和41(1966)年に開校した江戸川区立瑞江第二中学校、さらに東側に瑞江駅がある。

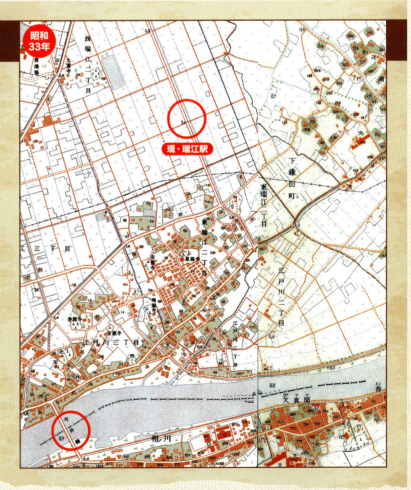

Shinozaki St.

篠崎
しのざき

新宿線開業で江戸川沿いに
快適な住宅地誕生
次駅の本八幡までは都営地下鉄最長の2.8km

【篠崎駅】
開業年	昭和61(1986)年9月14日
所在地	江戸川区篠崎町7-27-1
キロ程	20.7km（新宿起点）
駅構造	地下駅
ホーム	1面2線
乗降人数	37,589人

　都内の最東端の駅となる篠崎駅。平成元(1989)年3月、千葉県の本八幡駅までの延伸開業に伴い、中間駅になったが、昭和61(1986)年、船堀～篠崎間が開業したときは都営新宿線の終点であった。

　篠崎という名は、かつてこの付近に篠竹が生い茂っていたことに由来する。篠崎町は下総国の国府に近いこともあり古くから栄えた地で、中世には葛西御厨を構成する集落の一つ、篠崎郷が置かれていた。江戸時代には江戸川対岸の行徳とともに河岸の機能を持つ集落が発達。江戸川に沿う篠崎街道は岩槻道と呼ばれ、多くの塩田があった行徳から岩槻城へ塩を運ぶ重要なルートだった。

　開業当初、駅周辺の開発は進んでいなかったが、その後、都市インフラ整備により、碁盤目状の道路や整然とした街並みが誕生、現在は快適な住宅地になっている。駅近くには都立篠崎公園、また江戸川の河川敷沿いには「篠崎緑地」と呼ばれる緑地スペースが広がっている。

　篠崎駅を出ると、都営新宿線は江戸川の下を通り、千葉県に入る。都営地下鉄としては唯一、千葉県まで延伸し、完成まで時間がかかった終点の本八幡駅に着く。篠崎～本八幡間は、都営地下鉄最長の2.8kmある。

昭和60年　篠崎付近の空撮

京葉道路が通る篠崎付近の空撮であり、中央付近に都営地下鉄新宿線の篠崎駅が開業することになる。既に緑の田畑は減り、住宅の数が増加していた。奥右側には、江戸川の流れが見える。

提供：©江戸川区

篠崎駅
昭和61年
篠崎駅開業時は周辺で開発が進んでいなかった。しかし、その後、急速にビルやマンション建設が進み発展が続いている。
提供：©江戸川区

篠崎駅
現在
都営地下鉄で一番東側に位置する新宿線の篠崎駅。都営地下鉄は他に浅草線、三田線、大江戸線があるが4路線とも全て線路幅が違う。

旧江戸川を仕切る江戸川水門
昭和55年
洪水対策や東京湾からの塩水遡上を防ぐ目的で建造された水門で、船が通行するための閘門を併設しているため水閘門と呼ばれている。
提供：江戸川区郷土資料室

古地図探訪

篠崎付近

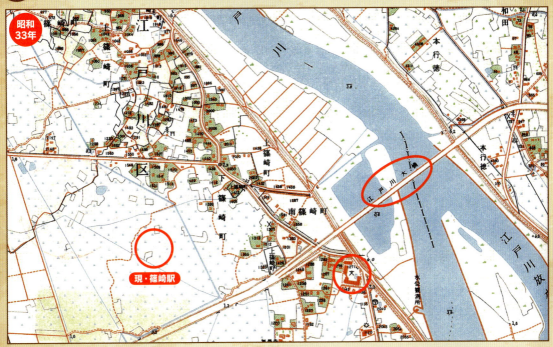

昭和33年／現・篠崎駅

　右側に江戸川が流れ、京葉道路が通る江戸川大橋が架かっている。篠崎駅が置かれている都営地下鉄新宿線は、この橋のすぐ上流の地下を走っている。このあたりの江戸川に架かる橋の数は少なく、上流の橋は市川橋、総武線の橋梁である。江戸川の西側を走る道路といえば、篠崎街道であり、現在は江戸川堤防線と重なっている。その西に走るのが鹿骨街道である。この当時の江戸川区には、上篠崎町、下篠崎町、北篠崎町、南篠崎町などの町名があったが、住宅開発が進んだ現在はさらに細分化されている。江戸川橋の南側に見える「文」の地図記号は、古い伝統のある江戸川区立篠崎小学校で、その南側には後に篠崎中学校も存在している。

Moto-Yawata St.
本八幡
もと　　や　　わた

近年の駅前再開発で活気あふれる街に変身
地名由来の葛飾八幡宮、八幡不知森も有名

【本八幡駅】

開業年	平成元(1989)年3月19日
所在地	千葉県市川市八幡2-16-13
キロ程	23.5km（新宿起点）
駅構造	地下駅
ホーム	1面2線
乗降人数	72,050人

　本八幡駅は、都営新宿線の終点であり、千葉県市川市側の始発駅でもある。JR総武線の本八幡駅と京成本線の京成八幡駅の間に位置し、双方の乗り換えに便利だ。

　駅の近くに市役所があり、商店街や古刹なども点在。市の中心になる地域なので、いずれの駅も乗り換え客が多い。近年駅前の再開発が進み、平成25(2013)年には、京成八幡駅前に京成電鉄の本社が移転して来た。また、高層タワーマンションをはじめとする大型マンションも建設されて、市川市の人口は急速に増えた。2020年の東京オリンピックに向けて、東京に近く、交通の便がいいこの地域に移り住みたい人たちがますます増加、中古マンションの相場も上がっている。その一方で、住宅地に入ると、市川市の木にも指定されている黒松に囲まれた閑静なお屋敷街の風情も残っている。幸田露伴や永井荷風、脚本家の水木洋子も晩年はこの地で過ごした。

　「八幡」の地名は、本八幡駅から徒歩5分のところに鎮座する葛飾八幡宮に由来する。葛飾八幡宮は、平安時代に創建された神社で、地元では「はちまんさま」の愛称で呼ばれている。またこの葛飾八幡宮は、東国の武人の神として崇められ、平将門、源頼朝、太田道灌といった関東武士はいずれもこの八幡宮を尊崇したという。本殿の脇にそびえる千本銀杏は国の天然記念物だ。毎年9月15日の御例祭日より20日まで、広大な境内で農具市が催されるが、その盛況さは関東一と称される。

　市役所の前にある、八幡不知森（やわたしらずのもり）は"藪知らず"として全国に知られた名所の一つだ。

平成元年　現在

本八幡駅の地上出入り口
都営地下鉄新宿線が開業して誕生した本八幡駅だが、平成元年の時点では仮駅舎での開業で、平成3年に本駅舎となっている。右手に見えるのはJR総武線の高架線である。

撮影：荻原二郎

平成初期の本八幡駅
本駅舎が完成して間もない頃の風景。この先本八幡から新鎌ヶ谷を経由して千葉ニュータウン方面まで千葉県営鉄道・北千葉線の計画があった。

京成線側の乗り場
JR本八幡駅と京成八幡駅の間は再開発が進められている。京成電鉄本社が押上から当地に移転した。

京成八幡駅
新宿線本八幡駅と連絡している京成本線の京成八幡駅。一般列車は全て停車し成田空港へのアクセスも便利である。

古地図探訪

本八幡付近

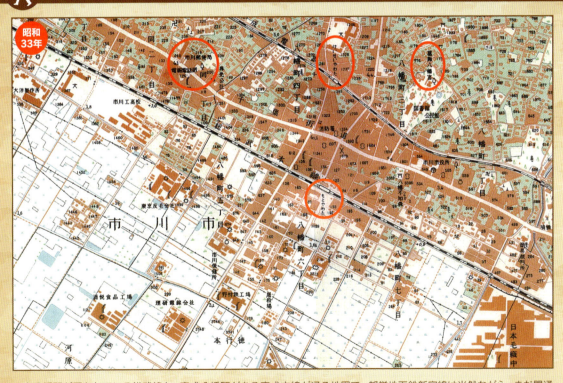

本八幡駅が置かれている総武線と、京成八幡駅がある京成本線が通る地図で、都営地下鉄新宿線は当然ながら、まだ開通していない。その間を走るのは千葉街道で、この街道沿いに市川市役所、不知森神社が存在する。一方、京成本線の北側には、古い歴史をもつ葛飾八幡宮が鎮座している。この葛飾八幡宮は、八幡の地名の由来となった場所であり、一方、八幡不知森は古来以来、人が入れない禁足地で、現在もそのままの姿で残されている。この時期、国鉄の線路の南側は、農地がまだ残っており、工場(を示す地図記号)も点在している。国道14号沿いの西側には、市川郵便局、電報電話局などがあった。

山下ルミコ（やました るみこ）

郷土史研究家。産経新聞社、サンケイリビング新聞社等の記事執筆を長年にわたり続ける。主な著書に『東武伊勢崎線・日光線 街と駅の１世紀』（彩流社）、『足立区 大人の歴史散歩』（リブロアルテ）、共著に『東京今昔散歩』（JTBパブリッシング）など多数。

【写真撮影】
池田信（提供：毎日新聞社）、荻原二郎、矢崎康雄、山田虎雄

【写真提供】
江戸川区広報課、江戸川区郷土資料室、江東区教育委員会、中野区広報課、朝日新聞社、毎日新聞社

【絵葉書提供】
生田 誠

【執筆協力】
生田 誠（古地図の解説と写真解説の一部）
矢嶋秀一（写真解説の一部）

東京メトロ東西線・都営地下鉄新宿線
街と駅の半世紀

発行日	2017年4月5日　第1刷　※定価はカバーに表示してあります。
著者	山下ルミコ
発行者	茂山和也
発行所	株式会社アルファベータブックス
	〒102-0072　東京都千代田区飯田橋2-14-5　定谷ビル
	TEL.03-3239-1850　FAX.03-3239-1851
	http://ab-books.hondana.jp/
編集協力	株式会社フォト・パブリッシング
デザイン・DTP	柏倉栄治
印刷	モリモト印刷株式会社

ISBN978-4-86598-824-6 C0026
なお、無断でのコピー・スキャン・デジタル化等の複製は著作権法上での例外を除き、著作権法違反となります。